Truth In Fantasy

英雄列伝

鏡たか子

はじめに

はるかなむかし、海を越えた西のかなたに英雄たちの国々がありました。

見た人を石に変える怪物を退治した英雄、金羊毛皮を求めて幾多の海を越えた英雄、巨大な竜を退治した英雄たち、大海を自分の庭のように暴れまわったヴァイキングの王たち、赤枝の戦士、フィアナの戦士、そしてアーサー王と円卓の騎士たち……。

これらの勇士たちは一陣の風のように彼らの時代を駆け抜けていきましたが、冒険や武勲、そして美しい姫たちとのロマンスの数々は、彼らを愛する人々の口から口へと伝わって、詩になり、歌になり、物語になり、いまも私たちの目の前にちゃんと残っています。

この本は、そうした英雄たちの物語をお話しながら、英雄たちの生きた時代で遊んでみようというものです。次々に登場する英雄たちの姿を追いながら、そのまわりに踊っている妖精や小人たちのかすかなざわめきを聞いたり、冒険の待っている大海原の潮の匂いも感じていただければうれしいのですが……。

それでは、どんな英雄たちに会えることやら、とにかくはるかないにしえの国へと吹く風に帆を張って、さあ出帆しましょう。

目次

I

ヨーロッパの英雄たち

北欧伝説の英雄

シグルズ

Sigurðr

シグルズは、北欧の人々（ゲルマン民族）が語り継いだ伝説に登場する英雄です。ワーグナーの歌劇に登場するジークフリートの原型となった人物で、一般的にはジークフリートの名のほうが有名でしょう。

シグルズの活躍する物語は、いくつかのエッダと『ヴォルスンガサガ』という英雄伝説を扱ったサガに描かれています。

口承で伝えられた北欧の神話・伝説を頭韻詩の形式で記述したものを〝エッダ〟、散文形式で記述したものを〝サガ〟といいます。これらの北欧神話・伝説は北海の孤島アイスランドで作られました。

シグルズの生い立ち

『ヴォルスンガサガ』では、シギ（北欧神話の主神オーディンの子）の話にはじまり、

アイスランドの位置

ヴォルスング一族代々にわたる六人の英雄的な王の物語が語られています。

この王たちのうち、最も強く、勇敢な王であったのがシグルズでした。シグルズは、ヴォルスング王家のシグムンドとエイリミ王の娘ヒヨルディースの子でした。しかし、父シグムンドはシグルズが生まれる前に戦死してしまいます。夫を失ったヒヨルディースは、戦場にやってきたデンマーク王の子アールヴについてデンマークへ渡ります。そのときヒヨルディースはすでにシグルズを身ごもっていました。そして、シグルズは誕生し、デンマーク王ヒャールプレクのもとで育てられます。

やがてヒャールプレク王は、シグルズをレギンという男に預け養育させることにしました。

養父レギンと名剣グラム

レギンはフレイズマルという富裕な男の三男で、二人の兄はファーヴニル、オトといいました。あるときオトがアース神たちに殺され、父フレイズマルはその賠償金として黄金を手に入れます。ファーヴニルは父を殺しこれを独り占めしてしまいます。この後ファーヴニルは竜に姿を変え、その黄金を守っているのでした。レギンは黄金をなんとか我がものにしたいと考え、勇者シグムンドの子シグルズの養父に名乗りでたのでした。ヒャールプレク王はレギンのもつ知識や技術を見込んで、レギンをシグルズの養父に取り立てたのです。

シグルズは養父レギンからさまざまなことを学び、名剣グラムを作ってもらいます。この剣は、シグルズの父シグムンドの折れた剣からできていました。シグルズはグラム以前にレギンに何本かの剣を作ってもらいますが、それらの剣はシグルズが試しに鉄床《かなとこ》を切ってみると簡単に折れてしまったのでした。そこで、シグルズは、二つに折れた父の名剣が母のもとにしまわれていることを思い出し、母に頼んでこれをもらい受けてきます。この

折れた剣を材料にしてレギンは名剣グラムを作りだしました。

今度もシグルズは剣を試すために鉄床を切ってみましたが、鉄床は下まですっぱりと切れ、剣は少しの刃こぼれもありませんでした。シグルズはこの剣をたいへん気に入り、さらにこの剣を試そうとライン川の上流へいきました。そこから毛糸の束を流し、グラムを流れに入れると、毛糸の束はまっ二つに切れたのでした。

この養父レギンは、姑息なことをする小悪党ではありますが、シグルズを一人前の勇者に育てあげたり、名剣グラムを与えたりするところなど、後世の英雄アーサー王を補佐した予言者マーリンと合い通ずるところがあります。

ファーヴニル殺し

シグルズは勇気のあるたくましい青年に成長し、この国の大人から子供まで誰からも好かれるようになります。

レギンはかねてからのもくろみどおりシグルズをそそのかして、ファーヴニルを退治する約束をさせました。

シグルズの名を高めたのは、このファーヴニル退治の冒険です。彼は勇気と腕力がとりえだけの英雄ではありません。また意固地なまでにフェアな戦いにこだわるタイプでもありませんでした。彼は知恵と合理性をもっていて、それが奇襲戦法という形で発揮されます。

ファーヴニルはグニタ荒野に棲んでいました。シグルズはファーヴニルが水を飲みに這っていく道筋に穴を掘り、身を潜めて彼を待ちました。すると、突然大地が激しく振動しました。ファーヴニルが出てきたのです。ファーヴニルは毒を吐き散らし、ものすごい音をさせながら黄金のある棲み家から出てきました。ファーヴニルが穴の真上に来たとき、シグルズは名剣グラムを勢いよくファーヴニルめがけて突き刺しました。剣は柄まで突き刺さり、シグルズは穴から躍り出ると、それを思いっきり引き抜きました。シグルズの両腕はファーヴニルの血で肩まで真っ赤に染まっていました。ファーヴニルの巨大な体がのたうちまわります。あたりの岩はファーヴニルの尾が当たって砕け飛び、木々はなぎ倒されました。ファーヴニルは致命傷を受けていました。

このファーヴニル退治の武勇譚から、シグルズは〝竜殺しのシグルズ〟または〝ファーヴニル殺しのシグルズ〟と呼ばれるようになります。

さて、壮絶な苦悶の果てにファーヴニルは死にました。すると、シグルズが戦っている間、卑怯にも身を隠していたレギンが現れて、「ファーヴニルの心臓をあぶって食べさせてくれ」といいます。シグルズはレギンのいうとおりに、ファーヴニルの心臓をえぐって、それを火であぶりました。焼け具合いをみるために心臓にさわった指をシグルズがなめると、突然彼は鳥の言葉がわかるようになりました。

近くの藪で鳴いているシジュウカラはこうさえずっています。

「自分で食べればいいのに。そうすれば誰よりも賢くなれるのに」

「レギンは、あの若者を裏切ろうとしているよ」

「レギンの首をはねれば、宝は自分のものになるのにね」

シジュウカラの声を聞くと、シグルズはグラムを引き抜きレギンの首をはねました。この断固としたすばやい行動は、英雄としての資質を表すものです。今日的に考えるなら、思慮の浅さを表しているともとれるかもしれません。しかし当時の人々がもっていた英雄像は、このように直情的で行動力に富むものでした。

こうしてシグルズはレギンを手にかけると、自分でファーヴニルの心臓を食べ、ファーヴニルの黄金を愛馬グラニに積んで旅立つのでした。

このグラニは神々の王オーディンの飼っていた名馬スレイプニルの子でした。シグルズが馬をほしがっていたとき、森で見知らぬ老人に会い、よい馬を選ぶ方法を教えられました。その方法というのは、馬たちを川の深みに追い込み、向こう岸へ渡った馬を選ぶというやり方でした。シグルズがその老人とともに馬を川へと追い込むと、一頭だけが向こう岸へ渡り、残りの馬たちは戻ってきてしまいました。そこで、シグルズはこの馬にグラニと名前をつけ、自分の馬としたのでした。実はこの見知らぬ老人こそ神々の王オーディンだったのです。

ブリュンヒルドとの悲恋

ファーヴニル殺しとともにシグルズの物語の中心となるのがブリュンヒルドとの恋とそ

の破局です。

シグルズの物語は、竜殺しの後ブリュンヒルドとの悲恋で終わりを迎えます。

ファーヴニル退治の後、シグルズは長い間旅を続けました。そしてあるとき、ヒンダルフィヨル山の頂上で完全武装をしたまま眠っている人物をみつけます。シグルズはその人の兜を取ってみました。するとそれは美しい女の人でした。しかし、その人は少しも目を覚まそうとしません。その女の人の鎧は彼女の体にぴったりと貼りついたようになっていました。そこで、シグルズは鎧を首のところから両腕にかけて切り裂きました。すると、彼女が目を覚ましました。彼女はブリュンヒルドといいました。彼女は「自分はオーディンによって眠らされたのだ」と話しました。ブリュンヒルドはシグルズに、自分の知っている呪文やルーン[*二]文字などさまざまな知識を与え、二人は結婚を誓います。

ときがたち、旅をしていたシグルズはライン川の南にある王国へやってきました。この国の王はギューキ王といいました。ギューキ王の妃グリームヒルドは魔術の心得があり、よこしまな心をもった女でした。グリームヒルドは、誰にも負けることのない勇者シグルズを自分の娘グズルーンの婿にしたい、そしてシグルズの黄金を手に入れたいと考え、彼に薬[*三]入りの酒を飲ませました。シグルズはブリュンヒルドのことを忘れてしまいグズルーンと結婚してしまったのです。

一方、ブリュンヒルドはシグルズと別れた後、父ブズリ王のもとへ戻りました。王は王家の娘らしく夫をもち子供をもうけて暮らすようにいいますが、戦好きのブリュンヒルドはそんな生活より戦士の方が自分には似合っているといい張りました。しかし、これに怒り親子の縁を切るとまでいいだした王に、やむなく「お言葉には従いますが、でも私の夫となる人は恐れを知らない世界一の勇士でなければなりません」といって山の上に館を建て、その館を焔でとりまいたのでした。彼女は「この焔を越えてくる男がいたなら結婚してもよい」と宣言しました。こうしてブリュンヒルドもまた愛するシグルズとの誓いを破ったのでした。

そこへシグルズがある男とともに訪ねてきます。シグルズは連れの男がブリュンヒルドと結婚できるよう手伝いにきたのでした。その男の名はグンナル。グリームヒルドの息子です。グリームヒルドは、この息子に妻のいないことだけが気がかりで、ブズリ王の娘で美しく賢いと評判のブリュンヒルドを嫁にするようにと勧めたのでした。グンナルもこのことを望み、彼はシグルズに付き添ってもらい求婚の旅に出たのでした。

グンナルは、ブリュンヒルドに求婚するため、城をとりまく焔を飛び越えようとしました。しかし、グンナルの乗る馬はどうしても飛び越えることができません。そこで、シグルズがグリームヒルドに教わった魔術でグンナルの姿に変わり、焔を飛び越え、グンナルとしてブリュンヒルドに求婚します。「焔を乗り越えた恐れを知らない勇者と結婚する」と誓いをたてていたブリュンヒルドは、グンナルの妻となることを承知しました。

シグルズとブリュンヒルドの破滅がやがて訪れます。グズルーンとブリュンヒルドが口論をしたときに、グズルーンが焔を飛び越えたのは自分の夫シグルズで、グンナルではないと口走ってしまったのです。ブリュンヒルドはシグルズに欺かれたことを嘆き、復讐を誓います。ブリュンヒルドは夫のグンナルにシグルズを殺害させようとします。彼は弟を暗殺者にしたてシグルズを襲わせます。眠っていたシグルズは暗殺者の剣に刺され、暗殺者もまた名剣グラムによりまっ二つにされました。

薪がうずたかく積みあげられ、シグルズの遺体はその上に置かれ、焔に包まれたのでした。復讐を果したブリュンヒルドは、死を決意し、自らも愛するシグルズの焼かれている焔の中に身を投げたのでした。

シグルズ・ガイド

一　ヴォルスング一族の王たち

『ヴォルスンガサガ』はヴォルスング一族の物語ですが、ここでご紹介したシグルズ以外の王たちについて少しお話しておきましょう。

●シグルズの系譜

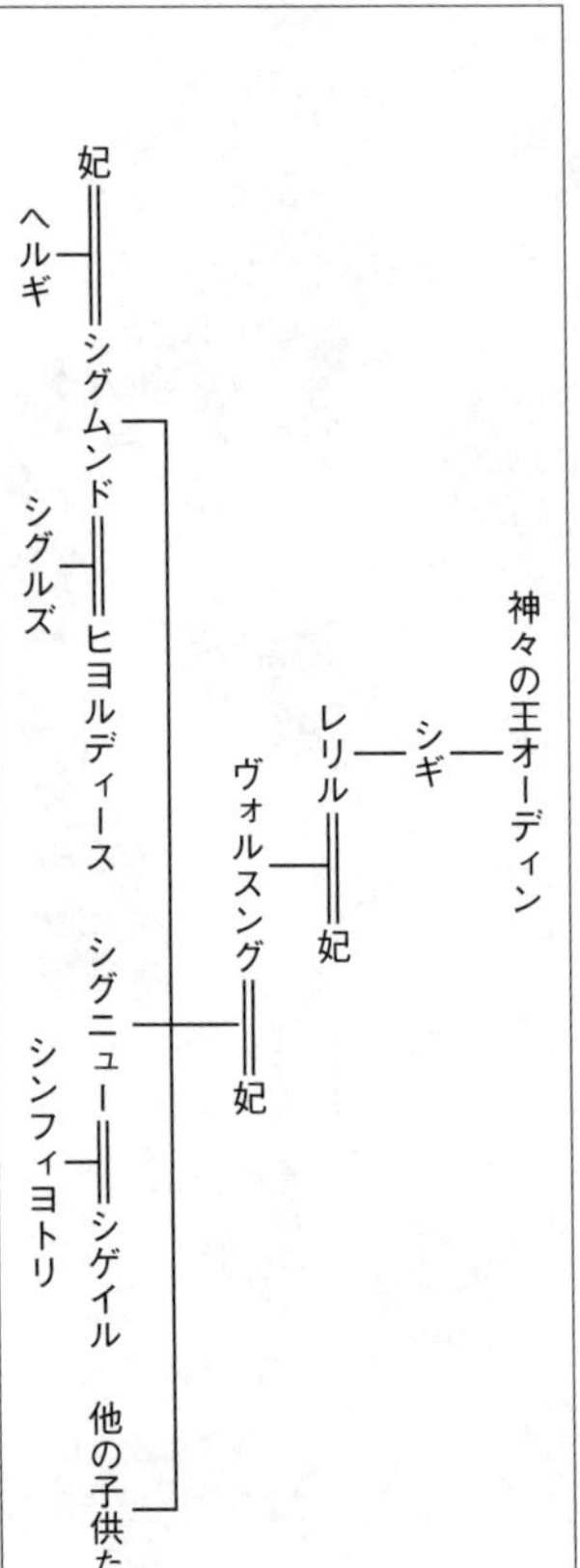

一．シギ

シギは神々の王オーディンの子でした。あるときシギはブレジという奴隷を連れて狩りにいきますが、ブレジの方が大きい獲物をしとめたのを怒り、ブレジを殺してしまいます。これは人々の知るところとなりオーディンもシギを国外追放にしなければならなくなります。しかし、シギは追放によってヴァイキング行におもむくことになり、数々の勝利をあげて土地を手に入れ自分の王国を築きました。

二．レリル

シギの息子レリルは父の跡を継ぎ、やがては父をしのぐ権力と財力を手に入れました。しかし、レリルは子宝に恵まれませんでした。そこで、レリルと妃は子が授かるようにオーディンに祈りました。彼らの願いはオーディンに聞きとどけられますが、子供が妃のお腹にいるときにレリルは戦死してしまいます。一方大きなお腹をした妃はいつまでたっても子を産み落とすことができず、とうとう六年が過ぎてしまいました。妃は自分の命はもう残り少ないと覚悟を決め、切開によって子供を産みます。妃は亡くなりましたが、男の子が残されました。この子はヴォルスングと名づけられました。

三．ヴォルスング

ヴォルスングは、体の大きな、力の強い、勇敢な王になりました。ヴォルスングは結婚し十人の息子と一人の娘をもちました。ヴォルスング王は壮大な宮殿を築きました。この宮殿の広間の中央には大木が植えられ、この木は館の屋根からつきでて、毎年美しい花を咲かせました。

四．シグムンド

ヴォルスング王には長男シグムンドと長女シグニューという双子がいました。やがてシグニューはシゲイルという王と結婚します。ところがシゲイルの館へ招待されたヴォルスング王と十人の王子は騙し討ちにあいます。生き残ったのはシグムンドだけです。彼はシグニューの手引で森に潜んで暮らします。月日がたち、シグムンドはシグニューがよこした彼女とシゲイルの子シンフィヨトリとともに仇を討つべくシゲイルの館に潜入します。襲撃は失敗しますが、逃亡する途中で放った火によってシゲイルとシグニューは死にます。シグムンドはシンフィヨトリを連れて国に帰り、ヴォルスング王の後、略奪されていた王位を奪回し、王となりました。

五．ヘルギ

シグムンドにはヘルギという王子が誕生しました。ヘルギはあらゆる方面にひいでたすぐれた青年に成長しました。彼はヴァイキング行に出かけ、強大な王たちに勝利し、国を手に入れ、その地ですぐれた王として暮らしました。

六．シグムンド王の晩年の話

シグムンド王は亡くなった妹シグニューの息子シンフィヨトリを息子として育てていました。シンフィヨトリはシグムンドの王妃の弟と一人の娘をめぐって争い、王妃の弟を殺してしまいます。王妃はこれを恨みシンフィヨトリを毒殺します。シグムンド王は王妃を追放し、やがてエイリミという名高い王の娘ヒヨルディースを妻にしました。この二人の子供がシグルズです。

二　北欧神話の神々

シグルズの物語には北欧神話の主神オーディンが登場しましたが、ここでは北欧神話に登場する主な神々を紹介しましょう。

◆オーディン

北欧神話の世界では神々はアースガルズという世界の中心に位置するところに住んでいました。このアースガルズの神々の王がオーディンです。オーディンは隻眼で長く灰色の髭をはやしています。戦いにいくときには黄金の兜と鎧を身にまとい、グングニルという名の槍をもって臨みます。オーディンは詩や知恵の神でもありましたし、ルーン文字を会得し、魔術を使う神でもありました。オーディンの宮殿ヴァルハラに仕える乙女はヴァルキューレと呼ばれ、彼女たちは完全武装して戦場を駆けめぐり、勝利者と戦死者を決めるのでした。シグルズを愛したブリュンヒルドもヴァルキューレの一人でした。

◆トール

オーディンの子で、神々のうち最強の神といわれています。トールは二頭の山羊に引かせた車に乗って空を駆けめぐりますが、このとき起こる響きが雷鳴だといわれています。トールは手にはミョッルニルというハンマーを持ち、巨人族から神々や人間を守りました。トールの持っていたものには、このミョッルニルのほかに、締めると力が二倍になるという〝力の帯〟、ハンマーを使うために欠かせない〝鉄の手袋〟がありました。

◆フレイ

気高く美しい神で、グッリンブルスティ（〝黄金の剛毛〟の意味）という猪に引かせた車に乗って、空でも水の中でも自在に走りまわりました。グッリンブルスティは光輝く毛をしていて、どんな馬よりも速く走ったといわれています。フレイは、日の光と雨を司り、大地に豊かな実りをもたらすことができました。

◆ロキ

ロキはもともとは巨人族の子ですが、オーディンの義兄弟でもあります。ロキは正邪合わせもった魅力的な神で、なんにでも変身できる力をもっていました。ロキは牝馬に変身して、名馬スヴァジルフェールとの間にスレイプニルを産みます。この馬はオーディンに献上され、その子馬がシグルズの愛馬グラニです。

三　エッダとサガの成立

エッダとサガは、北海の孤島アイスランドの文学です。その昔、アイスランドはほとんど人の住んでいない島でしたが、八七〇年代にノルウェーからの植民がはじまります。当時ノルウェーは独裁君主ハラルド美髪王が治めていました。彼の圧政から逃れるために四百家族がアイスランドに渡ったのです。

植民した人々は、アイスランドでの生活を築き、やがて財を求めて国外へ略奪に出かけます。これがヴァイキングです。

ときがたち十二世紀になると、アイスランドでは生活が安定し、〝アイスランドのルネッサンス〟と呼ばれる時代がきました。この時代にたくさんのエッダやサガが作られたのです。

エッダは、遠い祖先の時代から語り継がれている神話や英雄伝説を詩にしたもので、ほかのゲルマン民族の神話や伝説と共通している部分があります。

これに対して、サガは、植民前後のようすや、アイスランドでの生活、ヴァイキング行、王族たちの争いを、時代を追って綴ったアイスランド独自の歴史的な散文作品です。代表的なサガには次のものがあります。


『植民の書』　アイスランドへの植民の記録。

『赤毛のエーリクのサガ』　ノルウェーでの王侯の物語。

『エギルのサガ』　巨漢エギルのヴァイキング行やノルウェー王家との確執を描いた物語。

『グレティルのサガ』　ヴァイキングの豪傑グレティルの一生の物語。

『ラックサール谷の人々のサガ』　美しく誇り高い女主人公グズルーンの物語。

『エイルの人々のサガ』　スネーフェルスネス半島の人々の植民とその後の争いの物語。

『ニャールのサガ』　グンナルと親友ニャールの物語。
『ヴォルスンガサガ』　ヴォルスング王家の英雄たちの物語。

四　英雄叙事詩『ニーベルンゲンの歌』

ドイツの有名な英雄叙事詩『ニーベルンゲンの歌』は、『ヴォルスンガサガ』のシグルズの話を下敷にしたものです。シグルズはジークフリートというドイツ語名で登場します。

物語は二部から成り、第一部はブルグントのグンター王（グンナルにあたります）の妹クリームヒルト姫（グズルーンにあたります）とニーダーラントの王子ジークフリートの恋と結婚、クリームヒルトの兄嫁ブリュンヒルト（ブリュンヒルドにあたります）の確執とジークフリートの死が描かれています。第二部はクリームヒルトとエッシェル王の再婚、クリームヒルトがジークフリートの仇をとりグンター王一族を殺して、自分も殺されるまでが描かれています。

『ニーベルンゲンの歌』は、『ヴォルスンガサガ』やエッダなどのゲルマン英雄伝説がその根底に流れていますが、そのほかにも宮廷騎士物語やキリスト教的な要素、フランス武勲詩などの影響を受けています。

五　歌劇『ニーベルンゲンの指輪』

ワーグナーの歌劇『ニーベルンゲンの指輪』（四部作）もシグルズの物語にもとづいた作品です。一つの指輪をめぐって繰り広げられる愛と欲望、そして憎悪の壮大な物語『ニーベルンゲンの指輪』は、『ヴォルスンガサガ』のシグルズの物語と非常に似ていながらも、登場人物を神、半神、人間、巨人、小人のそれぞれの種族に割り振り、複雑で重厚な、それでいて魅惑的な作品となっています。

『ニーベルンゲンの指輪』各部の内容は次のようなものです。

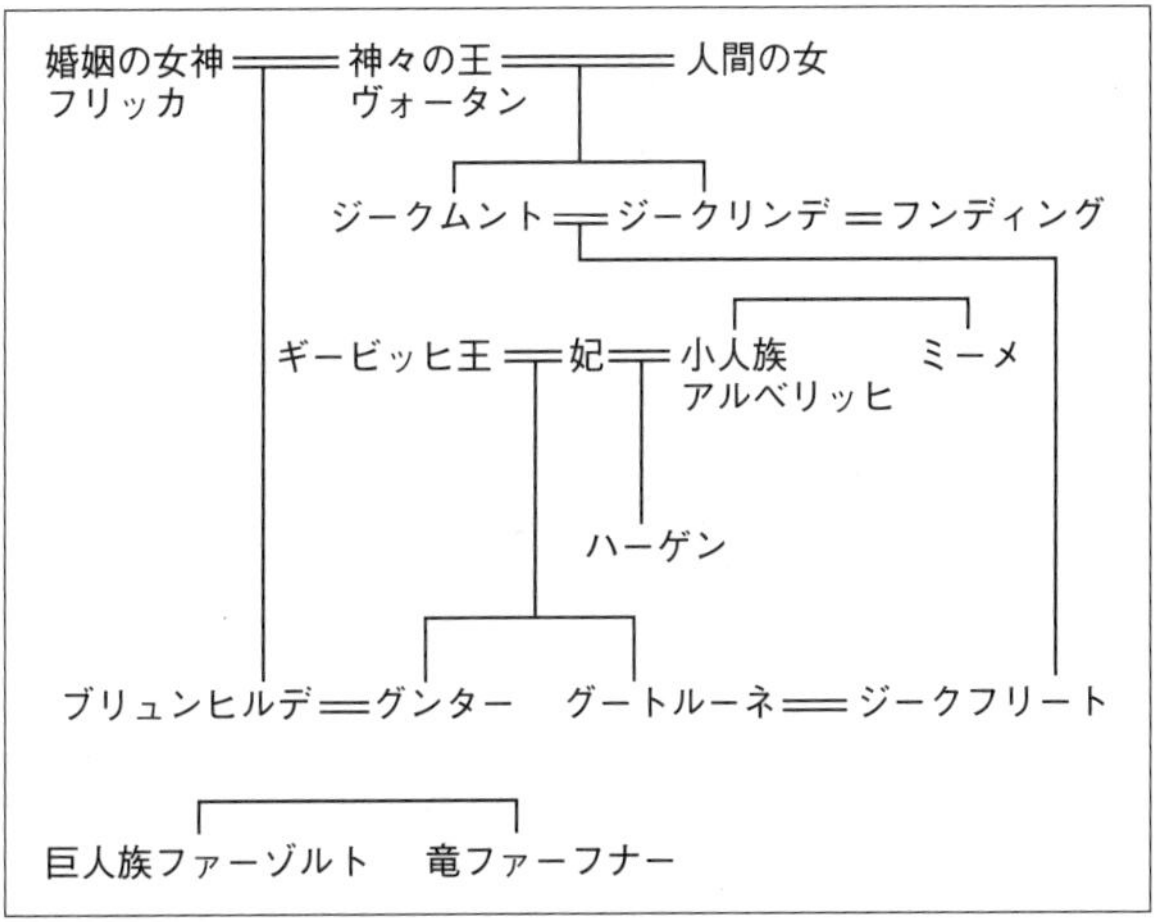

『ニーベルンゲンの指輪』の登場人物

◆第一部『ラインの黄金』

三人のラインの乙女が守っていた黄金が、小人のアルベリッヒに奪いさられてしまいます。神々の王ヴォータンは、巨人族のファーゾルトとファーフナーの兄弟に居城ワルハラを建てさせますが、その報酬を要求されます。一方、アルベリッヒは黄金から指輪を作りました。この指輪をヴォータンが奪い、ファーゾルトとファーフナーに報酬として渡すのでした。しかし、指輪にはアルベリッヒの呪いが込められていたのです。

◆第二部『ワルキューレ』

ヴォータンと人間の女の間に、双

子のジークムントとジークリンデが誕生します。二人はジークリンデの嫁いだフンディングの家で再会し結ばれます。ヴォータンはジークムントに名剣ノートゥングを与えます。婚姻の女神でヴォータンの妻フリッカはヴォータンを責め、ヴォータンにジークムントがフンディングとの決闘で死ぬ運命となるように謀らせます。ヴォータンの娘ブリュンヒルデは、ジークムントに加勢しますが、ジークムントはフンディングの刃に倒れます。ブリュンヒルデは、かろうじてジークリンデを愛馬グラーネで救い出しました。しかし、娘の行いに怒ったヴォータンは、ブリュンヒルデから神性を奪い、焔の壁の中で眠りにつかせるのでした。

◆第三部『ジークフリート』

小人のアルベリッヒの弟で鍛冶屋のミーメはジークムントとジークリンデの子ジークフリートを育てます。ミーメはジークフリートをつかって、竜となって指輪を守る巨人族のファーフナーを倒し指輪を奪おうとします。ジークフリートはファーフナーを倒し指輪を奪った後、ミーメも殺したのでした。鳥のさえずりで山に眠る花嫁（ブリュンヒルデ）のことを知ったジークフリートは、その山へ向かう途中で邪魔をするヴォータンと対決します。ヴォータンの楯はジークフリートの剣で二つに割れ、ジークフリートは接吻によってブリュンヒルデを眠りから覚ましました。そして、二人は永遠の愛を誓いあい、ジークフリートは愛の証に竜から奪った指輪を贈り、ブリュンヒルデは愛馬グラーネを贈るのでした。

◆第四部『神々の黄昏』

冒険の旅に出たジークフリートは、ギービッヒ家を訪れ、領主グンター、その弟ハーゲン、妹グートルーネと出会います。このうちハーゲンだけは父親が違い、本当の父は小人のアルベリッヒでした。ハーゲンに薬入りの酒を飲まされたジークフリートは、ブリュンヒルデのことをすっかり忘れ、グートルーネと結婚します。そしてグンターはブリュンヒルデを妻にするためジークフリートとともに出発します。ブリュンヒルデは妹であるラインの乙女たちに指輪を返さなければ神々は滅び、災いがやってくると告げられますが、ジークフリートの愛の証を渡そうとしません。そこへグンターとジークフリートがやってきます。ブリュンヒルデはグンターに身を変えたジークフリートに指輪を奪われ、グンターの妻になります。しかし、その後グンターに奪われたはずの指輪がジークフリートの指にあることから、ジークフリートが裏切ったことを悟り、ハーゲンにジークフリートを殺させます。そして指輪を取り戻したブリュンヒルデは、愛馬グラーネにまたがり、ジークフリートを火葬にしている燃え盛る焔の中へと飛び込んでいきました。焔が弱まると突然ライン川の水が洪水となり押し寄せ、積まれた薪を呑込んでしまいます。そのとき、三人のラインの乙女の姿が波間に現れます。その一人の指にはあの指輪が光っているのでした。洪水は引き、天空にはワルハラの城が浮かびあがってきますが、やがて一瞬のうちにワルハラは炎上し、神々は滅びさったのでした。

六　シグルズはどんな服装をしていたか?

『ヴォルスンガサガ』にはシグルズの服装についての記述はありませんが、彼の父シグムンドの兜と鎧についての記述があります。

シグムンドが妹シグニューの嫁いだシゲイル王の城に潜んだとき、彼は顔まで隠れる兜と、白く輝く鎧を身につけていました。

シグムンドやシグルズの時代は、ヴァイキングの活躍した時代です。そこでこの頃のヴァイキングの服装と前記の記述からシグルズの服装を思い描いてみましょう。

◆兜

ヴァイキングというと二本の角のついた兜を連想しますが、本当は図のように角はありませんでした。

兜の形にも細かい点ではいろいろ違いがありますが、大体は頭をすっぽりと覆い、顔の一部分を保護する形になっていました。

兜の前が眼鏡のようになっていて、目のあたりの部分を保護したものもありますが、鼻の部分だけ保護した形のものもあります。また兜には、頭上や鼻の部分に竜や鳥などの装飾を凝らしたものもあります。これは王族などの非常に位の高い人のものでした。首の後ろは鎖帷子《くさりかたびら》になっています。

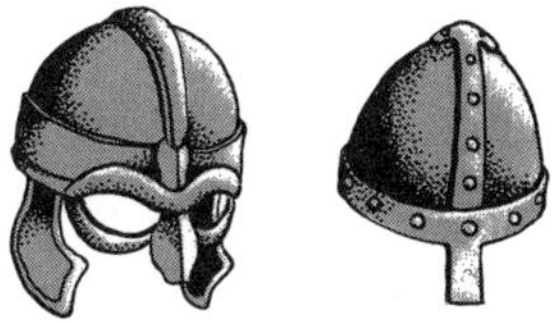

なお、兜を使ったのは、ある程度身分の高い人で、位の低い人々は、兜をかぶっていませんでした。

◆鎧

鎧にあたるのは鎖帷子で、袖がつき、丈は膝までになっています。これよりも短い丈のものもあります。

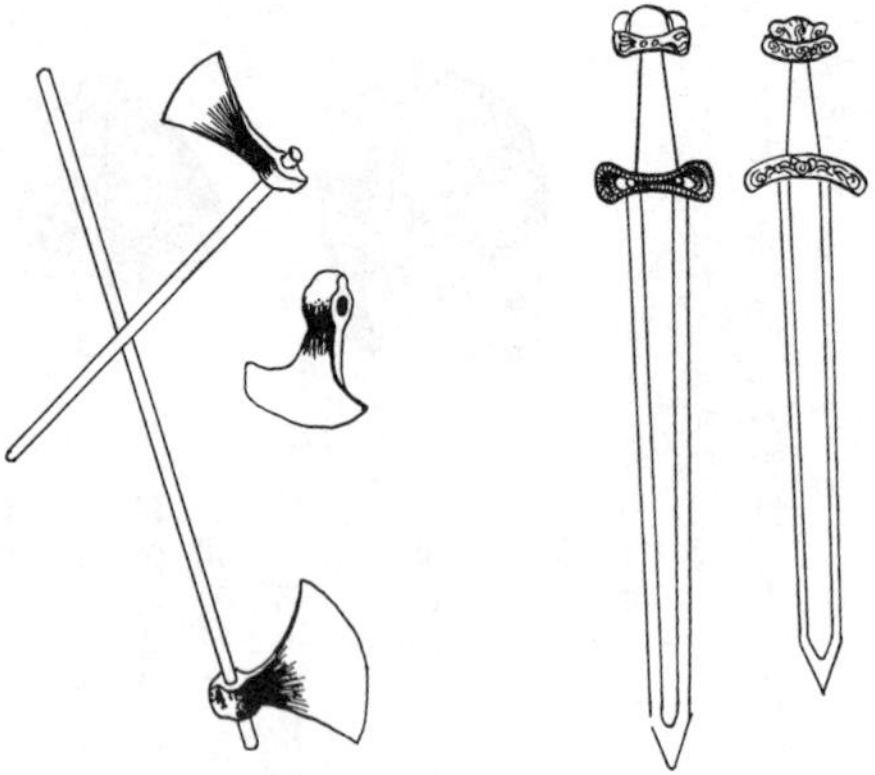

鎖帷子も兜と同様に位の高い人々のものでした。

◆剣

剣は鉄の柄があり、長く、重いものでした。ヴァイキング時代以前は金メッキをした青銅の柄の剣が使われていましたが、実戦向きな鉄の柄の剣の時代になったわけです。

この鉄の柄には、象嵌細工の貴金属でヴァイキング独特の模様がつけられていました。刃は、鋭利でかつ柔軟性の高いものでした。

◆斧

斧は鉄製で、形は小型な手斧、海戦用の髭斧、幅の広い幅広斧の三種類がありました。

髭斧と幅広斧は柄が長く、幅広斧は両手で扱いました。

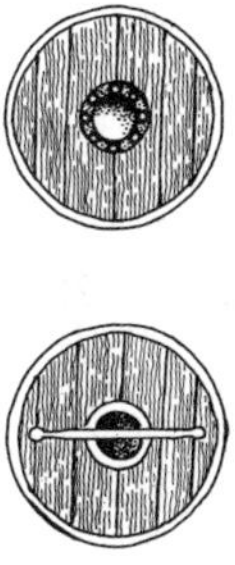

◆楯

楯は木製で、裏に手で持つための握りがついていました。表面にはヴァイキング独特の紋様が描かれています。

＊一　ルーン文字は北欧に伝わる特殊なアルファベットです。〝ルーン〟とは「秘密、神秘」といった意味で、ルーン文字はそれ自体が神秘的な力をもっていて、この文字を刻むことによって呪いをかけたり、魔力を使うことができました。

＊二　薬の入った酒は、有名な『トリスタンとイゾルデ』でも使われます。この話では酒を飲んだ王妃イゾルデと王の甥トリスタンが恋に落ちてしまいます。

ケルト伝説の英雄――一

ク・ホリン

Cuchulain

ク・ホリン（クー・フーリンと呼ばれることもあります）は、アイルランドに伝わるケルト[*一]神話に登場する英雄です。ク・ホリンは、ケルト神話の中でも、アルスター神話（四十八ページのク・ホリン・ガイドを参照）と呼ばれる伝説群で活躍します。

ク・ホリンの活躍する時代、アイルランドは五つの王国から成り立っていました。その王国の一つアルスターに、王コノールの護衛をつとめる〝赤枝の騎士団[*二]（レッド・ブランチ・チャンピオン）〟という戦士の集団がありました。ク・ホリンは、この赤枝の騎士団のリーダーでした。

ク・ホリンの生い立ち

ク・ホリンは、ダーナ神族[*三]の中の太陽と光の神ルーの子供です。ルーは〝長腕のルー〟とも呼ばれ、長い槍を操る屈強の神です。また、すべての知識、技術をもちあわせた万能

神でもあります。

ク・ホリンは子供のときに一度死に、再度生まれ直しています。最初の誕生はアルスター王コノールが、妹のデヒテラ姫を連れて外出したときのことでした。

ある冬の日、コノール王の一行は畑を荒らす鳥を追い散らしに出かけました。鳥を追っているうちに日が暮れ、やがて雪が降りはじめました。そのとき王たちは妖精の丘という場所にきていました。そこで、王たちは、丘の林の中の一軒の家に泊めてもらうことにしました。その家には、親切そうな夫婦がいて、王や戦士たちをたいそうもてなしました。その夜のことです。突然、その家の女に赤ん坊が生まれるというので、デヒテラは納屋に手伝いにいきました。しばらくして、女はかわいい男の子を産んだのです。ちょうど家の外でも、戦士の馬が二頭の子馬を産みました。

翌朝、王たちが目を覚ますと、泊まった家も夫婦も、みんな消えていました。ただ男の赤ん坊と子馬二頭だけが王たちのもとに残されたのでした。

城に戻ったデヒテラは、男の子をかわいがって育てていましたが、不幸なことにその子はまもなく病気になり亡くなってしまいました。デヒテラは男の子の死をたいへん嘆き悲しんでいましたが、のどが渇いたので飲み物を飲みました。そのとき小さな虫が飲み物といっしょに体内に入ったのです。

その夜、デヒテラの夢の中に太陽神ルーが現れました。

「デヒテラよ、よくお聞き。おまえのかわいがっていた男の子はわたしの子だったのだ。その子はいま再びおまえの子宮に入っている。この子が生まれたらセタンタと名前をつけ育てるのだ。そして、二頭の子馬も、その子が大きくなったときに、その子の戦車を引かせるためにいっしょに育てよ」

こうして月日がたち、男の子を産んだデヒテラは、ルーのお告げどおりにセタンタと名づけたのでした。セタンタは王のもう一人の妹フィンコムに預けられ育てられることになりました。そのとき、一人の僧が次のような予言をしたのでした。

「この子はやがて人々から賞賛されることになろう。御者も、戦士も、王も、聖者も、すべての人がこの子の行いを語り伝えることになろう。この子はあらゆる悪と戦い、破壊と戦い、そして、人々の起こすあらゆる争いを解決するであろう」

二度誕生したこのセタンタこそ、のちのク・ホリンでした。

クランの猛犬

セタンタはやがてク・ホリンと名乗るようになります。ク・ホリンとは「クランの猛犬」という意味です。この名前はコノール王がセタンタの勇気をたたえて与えたものです。

あるとき、コノール王がクランという金持ちの鍛冶屋の館でひらかれる宴に出かけることになり、たくさんの貴族たちがこれに従うことになりました。王は途中、少年たちと球技をしているセタンタに出会うと共に館にくるように命じますが、セタンタは球技が終わり次第急いで参ります、と答えました。こうして王たち一行はクランの館に着き、にぎやかな宴がはじまりました。

さて、クランの館には一匹の獰猛な番犬がいました。この番犬は百万の敵がきても恐れることはないといわれていました。クランは宴がはじまると館の警備のためにこの番犬の鎖を外しました。

宴が盛りになったころ、突然けたたましい犬の声が聞こえました。このとき王たちは後からくるといっていたセタンタのことを思い出しました。一同は急いで館の外に出てみました。するとそこには、セタンタが立っていました。彼の足元にはクランの犬の死骸が横たわっていたのです。人々はセタンタの勇気と力をほめたたえましたが、愛犬を失い悲しみにくれているクランを見ると、セタンタは「この犬の子供がいたら、この犬と同じように強く忠実な番犬に自分が育てましょう。そして、その犬が大きくなるまでは自分が番犬のかわりにこの館の警備をいたしましょう」といいました。

人々はセタンタの言葉に感心し、王はセタンタの勇気をたたえるためにこの日から〝ク・ホリン〟と改名するように命じたのでした。

〝影の国〟での武者修行

ク・ホリンの武勇は〝影の国〟への武者修行によって高まります。武者修行のきっかけは彼の恋でした。

成長したク・ホリンはフォーガルという領主の娘エマーに恋をしました。しかし、彼女はク・ホリンの求婚に、もっと修行を積んでから、と答えるのでした。

一方彼女の父フォーガルはク・ホリンのことを快く思わず、〝影の国〟の女戦士スカサハから武術を学べばいっそうの勇者になれると、ク・ホリンをそそのかしたのでした。〝影の国〟へいくには数々の難所を越えなければなりませんでした。その上スカサハは魔術の心得があり、ク・ホリンは生きては帰れないだろう、とフォーガルは考えたのでした。

■不幸の原

〝影の国〟へいくには〝不幸の原〟と呼ばれる誰ひとりとして歩くことができないぬかるみを通らねばなりませんでした。

〝不幸の原〟は、ひどいぬかるみになっている沼でしたが、ク・ホリンの父親である太陽神ルーが現れて、ク・ホリンに車輪を渡し、これを転がしてその後についていくように命じます。ク・ホリンが車輪を転がすと、車輪は火花を散らして転がり、熱のために沼は乾いて、ク・ホリンは楽々ここを通過できました。

■弟子の橋

ク・ホリンは〝弟子の橋〟と呼ばれる橋に出ました。この橋は、渡ろうとすると、まん中がマストのように立ってしまい、渡ろうとしたものを跳ね返してしまうのでした。三度失敗し、四度目というとき、ク・ホリンは鮭のように跳ねあがり、この橋を跳び越えることができました。ク・ホリンは、この挑戦で〝鮭跳び〟の技を会得したのでした。

■スカサハの城

いよいよ〝影の国〟に着きました。スカサハの城は七つの城壁に囲まれ、九つの木柵には首が刺さっていました（ケルトには首刈の風習があり首は木に突き刺され砦に立てられ

ていました)。ク・ホリンが城へと進むと、さまざまな怪物が襲いかかってきましたが、彼は怪物たちをすべて斬り倒したのでした。

ク・ホリンの雄姿に驚いたスカサハは、彼を弟子にし、武術や魔法を伝授したのでした。そして、ク・ホリンが影の国を去るとき、スカサハは魔法の槍ゲイ・ボルグを彼に与えました。ゲイ・ボルグは、投げられると無数の矢じりが飛びだす不思議な槍でした。この槍を持ってク・ホリンは国へと戻り、再びエマーに求婚しました。今度はエマーもこれを受け入れ、二人は結ばれたのでした。

クーリーの牛争い

ク・ホリンの平和な暮らしはすぐに終わります。彼の住むアルスター国の隣国のコノート軍が攻め込んできたのです。

戦いの原因はコノート国で、王と妃のメイヴが牛の優劣を競って争いを起こしたことにはじまります。女王は王の牛に勝つために、アルスター国のクーリーにいるドウンという褐色の牛に目をつけました。この牛を奪おうとして女王メイヴはアルスター国と戦争をはじめたのでした。

当時アルスターでは得体の知れない病気が流行し、国民の多くが病に倒れていました。そんな最中にコノート軍が攻めてきたのです。ク・ホリンは劣勢のなか果敢にこれを防ぎます。戦いは七年もの長い間続き、多くの死者をだすことになります。

女王メイヴは、戦車に乗りアルスター軍を蹂躙していきます。その姿は金のブローチで止められた緑のマントを翻し、金色の髪振り乱し、手には槍をしっかりと握っていました。

メイヴの軍勢は、三つの王国の連合軍です。まず、女王メイヴとその七人の息子たちの率いるコノート軍、そして、隣国レインスターの、なんの戦いでも参加したがる好戦的な戦士たちの軍勢、それにアルスター国王コノールを裏切った戦士たちです。これに巨人たちが加わりました。

対するアルスター軍は劣勢です。ク・ホリンはコノート軍を待ち伏せし、投石器を使って敵に不意討ちを繰り返しました。

こうしたゲリラ戦によって、コノート軍の死者は毎日百人にものぼりました。どこから飛んでくるかわからない石に、女王メイヴをはじめコノート軍全体が動揺しました。そこ

で、メイヴはク・ホリンに会ってなんとかコノート軍に寝返らせようとしました。メイヴはク・ホリンに会うと、この若干十七歳の少年が一日に百人もの戦士を殺したク・ホリンかと、驚きました。

ク・ホリンは、宝や領土を餌としたメイヴの裏切りの誘いをことごとく断ります。しかし、最後にメイヴがだした、一日には一人の戦士とのみ戦うという一騎討ちの交戦方法だけは承諾しました。メイヴとしてみれば、一日に百人殺されるよりは一人のほうがまだましだと思ったのです。そして、ク・ホリンが戦っている間をぬって軍勢をアルスターへ進軍させようと考えたのでした。

結果はメイヴも想像していたとおり、毎日一人だけコノートの戦士がク・ホリンによって命を落とすことになりました。

誓約（ゲッシュ）

ク・ホリンは、大勢のコノート軍を少しでも引き留めようと、いろいろな方法で彼らを足止めします。

ケルトの戦士たちは、みな自分に課した〝ゲッシュ〟という誓約をもっていました。この誓約を破ると災いが起きたのです。ク・ホリンはその名前が「クランの猛犬」という意味をもっていたため「犬の肉を食べてはいけない」という誓約を課せられていました。こうした誓約がどうやって戦士たちに課せられたかは、はっきりしたことがわかっていません。

誓約は他人に課すこともできました。女王メイヴとの戦いで、ク・ホリンはいくつかの誓約を敵軍に課しました。

●片方の足と手と目だけを使って、樫の枝を折り曲げて環を作らなければ、この場所を通ってはいけない。
●四頭の馬の首が刺さった枝を浅瀬から片方の手の指だけで引き抜くことができなければ、この浅瀬を通ってはいけない。

ク・ホリンはこれらのことを自分では難なくやってのけるのでした。こうして、ク・ホリンはメイヴの軍勢を足止めしたのでした。

戦いの女神モリグー

戦いっぷりのよいク・ホリンには、恐ろしい女神さえも心をひかれてしまいました。

死と破壊を司る戦いの女神モリグーが、ク・ホリンの勇敢な戦いぶりを見てひかれ、力をかしたいとやってきますが、ク・ホリンはこれを断ります。そこで、モリグーはいろいろなものに変身して、敵の勇士と一騎討ちをしているク・ホリンを苦しめます。モリグーは、次のように変身しました。

●耳の赤い牛
ク・ホリンめがけて突進しましたが、足を斬られます。

●鰻
河の底にもぐりク・ホリンの足にからみつきました。

●狼
ク・ホリンに飛びかかりますが、目をえぐられてしまいます。

●老婆
傷の手当てをク・ホリンに頼み、手当てしてもらいます。

こうして傷を手当てしてもらったモリグーは、心をいれかえク・ホリンの味方になり、後にク・ホリンの手助けをしました。

ク・ホリンの死

女王メイヴとの長い戦いが続きましたが、メイヴの意図とは裏腹にアルスター軍が盛り返してきます。その勢いはすさまじく、コノート軍は耐えきれずに退却をはじめました。そして、とうとうク・ホリンは傷を負ったメイヴを捕まえます。しかし「女を殺すわけにはいかない」とク・ホリンは女王を逃がします。そして、アルスターとコノートは和睦を結びました。

けれども、恩を仇で返すとはこのことで、女王メイヴはク・ホリンを許しませんでした。ク・ホリンに恨みをもつ戦士たちを使ってク・ホリンを狙い、ついに父親をク・ホリンに殺されたレウィの投げた槍でク・ホリンはわき腹を貫かれてしまうのでした。

ク・ホリン[*四]のはらわたは乗っていた戦車に飛び散りましたが、彼は自分のはらわたを手でかき集め、湖まで行って洗いました。そして、体の中に戻し、体を洗いました。

その後、立ったまま死にたいと思ったク・ホリンは、近くにある石の柱に自分の体をしばりつけました。そうした様子を敵の軍勢が恐ろしげに遠巻きに見ていました。ク・ホリンの血は川へと流れ出し、川を赤く染めました。カワウソ[*五]が、この血をすすりはじめました。そのどん欲さをみて、ク・ホリンは高らかに腹の底から笑いました。英雄ク・ホリンの最後の笑いでした。

ついに最期のときがきました。がっくりと首を垂れたク・ホリンのところへ、一羽の鳥が飛んできました。戦いの女神モリグーが、鳥の姿をしてク・ホリンに別れを告げにきたのでした。

ク・ホリン・ガイド

一　アイルランドの神話・伝説

アイルランドの神話・伝説には、ク・ホリンの活躍するアルスター神話のほかに、ダーナ神族の神話、フィアナ神話といった伝説群があります。

◆ダーナ神族の神話

ここで語られる話は、アイルランドの神々の話で、アルスター神話よりももっと古い時代を扱っています。ク・ホリンの父である太陽神ルーもここに登場します。ルーは大工であり、鍛治工であり、戦士であり、竪琴をひき、詩を作って語り、魔術も使うという万能の神でした。

ダーナ神族の神話のいくつかをご紹介しましょう。

『トゥレン三兄弟の冒険』

太陽神ルーの父キァンを殺したトゥレン三兄弟は、その償いに黄金の三つのりんごや魔力のある豚の皮などをもち帰ることになり、冒険の旅へと出かけていきます。やがて三人はすべての償いを果たしますが、傷つき倒れ、最後にルーに助けを求めます。しかし、ルーの恨みは深く助けてもらうことができず、結局三人は死んでしまいます。

『ダーナ神族と常若の国』

ダーナ神族は海の向こうからやってきたミレー一族に滅ぼされてしまいます。しかし、ダーナ神族は消えさったわけではなく、地下に逃れ常若の国〝チル・ナ・ノグ〟を作り、塚や丘の下に宮殿を建て楽しく暮らしていました。また魔法を使って姿を消したり、蝶などに変身して、地上に出ていくこともあるといわれています。

『白鳥になったリールの子』

常若の国で王を選ぶことになりました。新たに王になったのはボォブでした。しかし、自分が王になりたいと思っていたリールは宮殿にこもってしまいました。ボォブはリールとの和解を望み、自分の娘である長女のイーヴをリールに嫁がせました。リール夫妻には四人の子供が生まれました。しかし、イーヴはこのお産で死んでしまい、ボォブの次女エヴァが後妻になりました。しかし、エヴァは夫や父の愛が子供たちに注がれていると逆恨みし、子供たちに魔法をかけ、白鳥の姿に変えてしまいます。子供たちは九百年の間、白鳥の姿で過ごさなければならないのでした。そして、九百年が過ぎました。白鳥たちは人間の姿に戻りますが、もはや九百歳を超える老人になっており、聖者に看取られて昇天するのでした。

◆アルスター神話

ここで語られる話は、現在の北アイルランドにあたるアルスター地方を舞台にした英雄伝説で、これまでご紹介したように、赤枝の騎士団のリーダー、ク・ホリンの話が中心になっています。

ク・ホリンの物語とともに有名な物語に、『ディアドラの悲劇』があります。

『ディアドラの悲劇』

王の語り部の娘ディアドラは生まれる前に、「この女の子のために多くの戦士が命を落とすだろう」と予言されます。そこで、人々はこの子を殺そうとしますが、コノール王はこの子をかくまって育て自分の妻にしようとします。しかし、美しく成長したディアドラはノイシュという若者に恋をします。ディアドラはノイシュに頼み、二人はノイシュの兄弟や家来たちと共にほかの地方に逃げていきます。楽しい月日が流れますが、やがてディアドラの美しさに魅せられたその地の王が戦いを仕掛けてきます。この噂はコノール王のもとに届きました。コノール王は彼らを許すと偽って、国に呼び戻し、ノイシュら兄弟を殺してしまいます。ディアドラはコノール王に捕らえられ、悲しみのうちに自ら命を絶つのでした。すると、ディアドラとノイシュの墓からイチイの木が生え、ついにはその枝と枝がからまり離れなくなったといわれています。

◆フィアナ神話

ここで語られる話は、アルスター神話から約三百年後の時代の話です。その頃は、ク・ホリンのいた赤枝の騎士団にかわって、フィアナ騎士団という騎士団が活躍していました。

この後のページで紹介するフィン・マクールはそのリーダーでした。フィアナ神話には、フィン・マクールとその子オシーン、孫のオスカーたちの活躍などが描かれています。

フィアナ神族の神話のうちフィン・マクールの活躍する物語はこの後で紹介するので、そのほかで有名な話をご紹介しましょう。

『オシーンの常若の国行』

フィアナ騎士団のリーダーであるフィン・マクールにはオシーンという息子がいました。あるときオシーンの前に美しい金髪の娘が現れました。この娘は常若の国の王の娘ニァヴでした。ニァヴはオシーンに愛を捧げるために彼を常若の国へ迎えたいといいました。オシーンはニァヴにひかれ、二人は白馬にまたがり海原を越えて常若の国へと向かいました。常若の国での楽しい日々が三年間過ぎました。オシーンは国に残してきた父に会いたくなりました。そこで、ニァヴに頼み一度国に戻ることになりました。しかし、「国についても決して両足を地につけないで下さい。馬に乗ったまま、ここへ戻って下さい」とニァヴは懇願しました。オシーンが国に戻ってみると、父や知っている人々はとっくの昔に亡くなり、宮殿も廃墟と化していました。オシーンが国を出てから長い年月がたっていたのです。馬に乗ったままなつかしい故郷をまわっていたオシーンですが、突然アブミが切れ馬から落ちてしまいました。するとオシーンはどんどん年をとっていき何百歳かわからないくらいの老人になってしまったということです。

『ディルムッドとグラーニャ』

フィンの妻になるために館に招かれたグラーニャは、ディルムッドというフィアナ騎士団きっての美しい騎士に恋します。二人はフィンの前から逃げだし十数年もの間、国内を逃げまわりますが、やがて妖精の丘の王オィングスが仲立ちをしてフィンとディルムッドは和解します。しかし、フィンは恨みを消すことができず、ディルムッドを呪っていた耳と尻尾のない猪にディルムッドを殺させてしまいます。はじめは悲しみにくれていたグラーニャでしたが、月日がたちフィンの強い求めに従って、結局フィンの妻となり一生をフィンの宮殿で暮らしました。

二　赤枝の騎士団

赤枝の騎士団は、王の側近として王を護り、他国から敵が攻めてきたときには抗戦する役目をもつ騎士の集まりでした。彼らの先祖は、神々の血を引いており、彼らは皆親戚にあたるといえます。

赤枝の騎士団の騎士たちは、戦の無いときには腕を磨き、冒険をするなど後のアーサー王の騎士たちと同じ様な暮らしぶりをしていましたが、後世の騎士たちにくらべると、ずっとおおらかであったといわれています。

三　神々や英雄たちの服装

ク・ホリンをはじめ、ケルト神話に登場する神々や英雄たちは、戦場で次のような格好をしていました。

◆兜

鉄や青銅で作られ、金細工や珊瑚の鋲などで装飾されていました。形は高い円錐形が多く、角のついたものもありました。

◆マントとブローチ

色は、赤や青、黒などはっきりした派手なもので、縞やチェックなどの模様があるものも多くありました。マントは襟元でブローチで留められます。ブローチは、金や銀でできていました。

ちなみに、ク・ホリンは真っ赤なマントに金のブローチ、宿敵の女王メイヴは緑のマントに金のブローチ、太陽神ルーは緑のマントに銀のブローチというでたちで物語に登場します。

◆**腕輪**

多くの人が青銅製の腕輪をしていました。

◆**剣**

剣は青銅や鉄製で、長いのが特徴です。

◆**槍**

戦士は、剣のほかに槍も一、二本もっていました。穂先は長く、穂幅も広くなっていて、波状の鉄刃がついた穂先もありました。

◆**楯**

楯は大きな楕円形や長方形をしていて、木製で鉄の楯心がつけられていました。色は赤や青などに塗られ、緑の縁どりをしたりしました。

ク・ホリンの楯は真っ赤で縁が金、ルーの楯は黒で縁が白銅、モリグーの楯は灰色をしていました。

◆**旗印**

部族を表す旗印には、猪や豚、狼など野生動物がよく使われました。

◆**戦車**

この頃は馬に乗るのではなく、二頭の馬に引かれた二輪の戦車に乗って戦をしました。戦車には御者と戦士の二人が乗ります。

戦車は頑丈でしかも軽く、スピードがありました。この戦車で敵を追いまわし、戦車の上から槍を投げたり、角笛を吹いたり戦車の側面を叩いて大きな音をだして敵をおびえさせました。敵に追いつくと、戦車を降りて戦いました。また、逃げるときにも、この戦車は威力を発揮しました。

＊一　ケルト人はもともとは南ドイツのあたりに住んでいた民族ですが、紀元前九世紀頃から移動をはじめ、しだいにヨーロッパの中部、西部へと広がっていきました。ブリテン島に渡ったケルト人は、他民族によってしだいにスコットランドやアイルランドへと押しやられます。このためケルト人の神話はスコットランドやアイルランドで語り継がれました。

＊二　赤枝の館が集会所だったためこの呼び名がつきました。

＊三　四十八ページのク・ホリン・ガイドを参照。

＊四　ケルトや北欧の伝説には、こうした少々グロテスクな描写がときどきあります。しかし、昔はこれをグロテスクとは感じず、勇ましい行為として受け入れていました。

＊五　カラスという説もあります。

フィン・マクール

Finn mac Cumbal

フィン・マクールは、ケルト神話の中のフィアナ神話と呼ばれる伝説群に登場する英雄です。

時代は、ク・ホリンの赤枝の騎士団が活躍した頃から約三百年後、アイルランドではコーマック・マックアート王が国を統治していました。王を守り、外敵に対抗するための騎士団は、赤枝の騎士団から〝フィアナ騎士団〟にかわっていました。フィン・マクールはフィアナ騎士団のリーダーでした。フィアナ騎士団はフィンがリーダーの時代に一番栄えたといわれています。

フィンの生い立ち

ダーナ神族の王ヌァダの孫にマーナという娘がいました。このマーナとバスク家のク[*一]ールの間に生まれたのが、ディムナ、後のフィン・マクール（以後は、単にフィンと呼びます）でした。

父親のクールはフィアナ騎士団の騎士でしたが、ディムナが生まれる前にモーナ家との戦いで戦死し、母親のマーナはスリーヴ・ブルームの森に隠れてディムナを産んだのでした。やがて、マーナは二人の老婆にディムナを預け、他国の王と再婚しました。

ディムナは金髪で色が白く、勇敢で狩りや泳ぎの上手な立派な若者に育ちました。そして、あまりにも肌の色が白く美しかったことから、フィン（〝白い〟〝美しい〟という意味があります）と呼ばれるようになりました。

知恵の鮭

フィンは、〝知恵の鮭〟を食べることで、武勇だけでなく知恵も身につけることになります。

あるとき、フィンはドゥルイド僧のフィネガスの弟子になりました。ドゥルイド僧とは、広い知識をもち、占いをしたり、ケルトの神々に対する祭りを行う神官です。

ボイン河にフェックの溜りという水の淀んだところがありました。ここには、ハシバミ[*二]

の木になった〝知恵の実〟が、ポトポト落ちるのでした。フェックの溜りには〝知恵の鮭〟と呼ばれる鮭が住んでいて、この鮭を食べると世界のあらゆる知識を得ることができるのでした。フィネガスは、この鮭を捕まえようと七年ものあいだ漁をしてきましたが、あるときやっとこの鮭を捕まえることに成功しました。

フィネガスは、この鮭を料理するようにフィンにいいつけました。そのとき、決して食べてはいけないともいいつけたのでした。

鮭を串に刺して焼いているとき、親指に火傷をしたフィンは、あわてて親指を口に入れました。すると、フィンの顔つきが、すべての知恵を得た者のもつ聡明な顔つきに変わってしまったのです。

料理を持ってきたフィンの顔を見たフィネガスは、フィンの顔つきが変わったことに気づき、鮭を食べたのか、と問いつめました。フィンが本当のことを話すと、

「この鮭はお前が食べるべきものだ。お前はこの鮭を食べて知識を得、ここを立ちさりなさい。もう私にはお前に教えることはなにもないのだから」

とフィネガスがいいました。

こうしてフィンは知恵の鮭を食べ、世界のあらゆる知恵を得たのでした。そして、なにか困ったことが起きたときには、親指を口に入れると名案が浮かんだのでした。

この後、フィンはフィネガスのもとを去り、父クールのようにフィアナ騎士団に入りたいと、ターラの地で行われる王たちの集まりにきていたコーマック・マックアート王の所へおもむきます。そして、そこで王に会い、気に入られて騎士に任命されました。

ターラの妖怪退治

フィンは、騎士になってから数日のうちに最初の手柄をたてました。ターラに出没しはじめた妖怪を退治したのです。

妖怪は毎夜竪琴を鳴らして人々を眠らせ、そのすきに火を吐いては美しいターラの町を焼き払い、人々を殺していました。

フィンは王に、妖怪を退治したらフィアナ騎士団のリーダーに取り立ててもらいたいと申し出ます。王はこの申し出を受け、フィンは妖怪退治に出かけました。このとき、フィンの父クールの従者だったという老人がフィンに〝魔の槍〟を与えました。この槍は、穂先が青銅で、目釘がアラビアの黄金でできていました。この槍の穂先を額に当てると、全身に力がみなぎり、燃えるような好戦欲でいっぱいになるのでした。

夜になりました。

フィンの立っている平原には、霧が立ちこめていました。そこへ大きな黒い影が近づき、妙なる竪琴の調べが流れてきました。フィンはすかさず槍の穂先を額に当てました。これで、竪琴の魔力がフィンに通じなくなり、フィンは逃げようとする妖怪の首を一刀のもとにはねたのでした。

こうしてフィンはフィアナ騎士団のリーダーになったのです。

騎士団にはたくさんの知恵をもち、勇敢で武芸にすぐれた騎士たちだけが入団できましたが、騎士たちはみな数々の誓約を守り、リーダーであるフィンを尊敬し活躍しました。フィンも配下の騎士たちを公平に扱い、寛大な態度で接しました。このため、フィンの時代のフィアナ騎士団は最も結束が固く、繁栄したのでした。またフィンは騎士たちにだけではなく、一般の人々にも寛大で、温かく、金銀も惜しむことなく分け与えたといわれています。

結婚と息子オシーン

あるとき、フィンは狩りの帰り道に子鹿を見つけ館に連れ帰ります。

その夜、フィンが目覚めると美しい女の人がベッドの脇に立っていました。この人は昼間連れ帰った子鹿で、求愛を断られた妖精に魔法をかけられていたのでした。三年の間、森をさまよっていましたが、一人の妖精が哀れに思い、フィンの館に入れば魔法が解けるようにしてくれたのでした。

この女の人の名前はサヴァといいました。サヴァとフィンは愛しあい、やがて結婚しました。

ところが、悲しい出来事が起こります。フィンが戦に出ている間に、サヴァは何者かが化けたフィンの幻に連れさられてしまったのです。フィンは夢中になって探しましたが、サヴァは見つかりませんでした。そうして七年が過ぎ、フィンはサヴァをあきらめたのでした。

ある日、フィンが騎士たちと狩りにいくと、木の下に長い髪の七歳くらいの男の子が裸のままで立っていました。男の子の身の上話を聞いたフィンは、その子を育てた農婦がサヴァであるという確信をいだきました。そして、男の子がその農婦の実の子、つまり自分の子であると……。

フィンはその子をオシーン（子鹿という意味があります）と名づけ、息子として育てました。オシーン*三は成長して立派な騎士になりました。彼は勇敢で強く、しかもすぐれた詩人でもありました。フィアナ神話の数々はオシーンの作ともいわれています。

巨人ギラ・ダッカーと妖精王

フィンの頃は人間と神族、妖精たちとの間が非常に近く、いろいろな面で交渉がありました。

これはフィンが妖精の王に頼まれて、戦の加勢をした話です。

フィンは、ある巨人を一年契約で下僕にしていました。巨人の名はギラ・ダッカー。毛むくじゃらなやせ馬を連れた、いかにも奇妙な巨人でしたが、フィンは自分に仕えたいという者を断ってはいけないという誓約をもっていたので、巨人の頼みを聞き入れたのでした。

フィアナの人々はこの下僕になじめず、よくからかったりしました。そんなある日のことです。

ギラ・ダッカーのやせ馬を動かそうとしましたが、誰も動かすことができません。そこでギラ・ダッカーと同じ重さの者が乗れば動くだろうと、十四人の騎士が馬の背に乗りました。しかし、馬は少しも動こうとしません。その光景を見つけたギラ・ダッカーは怒って仕事をやめるといいだし、西に向かって走りだしました。その速いことといったらありません。すると、主人のこの様子を見たやせ馬も、主人を追ってすごい速さで駆けだしたのです。馬の背に乗っていた十四人の騎士は必死で馬の背にしがみついていました。

ギラ・ダッカーは海岸へくるとそのまま海の中へ駆けていきました。馬の背の十四人と、あとから追ってきて馬のしっぽにつかまった一人を合わせた十五人の騎士たちも、海の中へと消えていきました。

フィンは残りのフィアナ騎士団の面々を引き連れ、十五人の探索のため海へ出ていきました。

何日かすると、険しい岩の壁がそそり立つ島に着きました。騎士の中から[*四]ディルムッドが選ばれ、まずこの島へ上陸しました。ディルムッドが岩の壁を越えると、そこは花の咲き乱れた美しい土地でした。ディルムッドが小さな流れの水を飲もうとしていると、そこへ武装した騎士が現れました。二人は一騎討ちとなりましたが、勝負がつかないまま夜になりました。すると、騎士は泉に飛び込んでしまったのです。次の日も同じことが起きました。そして三日目は、騎士はディルムッドもろとも泉に飛び込んだのでした。気を失ったディルムッドが目を覚ますと、まわりは泉の底ではなく緑の草原でした。そこは妖精の国で、あの騎士は妖精の王アヴァータだったのです。王はほかの妖精の国との戦いのために加勢となる騎士を探していたのでした。そして、この妖精の王アヴァータが、あの巨人ギラ・ダッカーだったのです。馬に乗ったまま海に入った十五人もここにきていました。みんなは手厚いもてなしを受けていました。

後からきたフィンやほかの騎士たちも妖精の王の願いを聞き入れ、戦いに加勢することになりました。

フィンをはじめとするフィアナ騎士団の活躍はめざましく、戦いは勝利します。妖精の王アヴァータは、フィンたちに礼をしたいと申し出ましたが、フィンはギラ・ダッカーが下僕として働いたことへの礼として戦ったのだからと辞退しました。けれども馬の背に乗せられて妖精の国へ連れてこられた騎士の一人は、自分たちと同様のことを妖精の国の貴族にも体験してもらわないと自分の気がすまないといいだしました。アヴァータは快く約束し、フィンたちは妖精の国を後にしました。

しばらくしたある日、フィンたち騎士団が野営をしていると、丘の向こうからギラ・ダッカーが走ってきます。その後には、あのやせ馬が背に妖精の貴族たち十四人を乗せ走ってくるのでした。貴族たちは馬から振り落とされてはたいへんと、必死にしがみついています。騎士たちはこれを見て、大いに笑いころげました。

フィアナ騎士団の最期

フィンの時代に最盛期を迎えたフィナア騎士団は、コーマック・マックアート王が没し、その息子ケーブリの時代になると大きな戦のために衰退してしまいます。フィンはすでに老人となっていましたが、フィアナ騎士団は勢力が強く、王をしのぐほどでした。その力を疎ましく思っていたケーブリ王とフィアナ騎士団の間に争いが起き、フィンの属するバスク家に対抗するモーナ家が王に味方し、争いは大きな戦いとなりました。そして、この戦は双方に大勢の死者をだしたのです。フィンの孫のオスカーは、この戦いで若い命を散らします。こうして、美しく強く勇ましかったフィン・マクールのフィアナ騎士団は消えてしまいました。

フィン・マクール・ガイド

一　ドゥルイド僧

ドゥルイド僧は、王に助言するほどの高い地位にあり、宗教儀礼だけではなく広い知識をもち、ときには裁判官の役目も果たしていました。ケルト人は文字をもっていなかったので、こうしたドゥルイド僧たちの知識は口承で伝えられていきました。

ドゥルイド僧は、自分たちだけの階層を作っていました。その頂点に立つ者は全ケルトのドゥルイド僧を従えていたわけです。

◆ドゥルイド僧の行う儀式

ドゥルイド僧は、毎月六日に儀式を行いました。その日、ドゥルイド僧は白い衣を身にまとい、黄金の鎌でオーク（樫）の木にやどるやどり木を切り取ります。オークは神木であり、人々に尊ばれていました。オークの木の下には白い牛が二頭神へのいけにえとして捧げられます。切り取ったやどり木は、白い布の上にうやうやしく置かれ、そのやどり木に対して祈りが捧げられます。

二　ケルト人の一年と祭り

ケルト人たちは、一年を大きく二つの季節（暖かい季節、寒い季節）に分けていました。そして季節の区切りには、大きな祭りをしました。半分は五月一日から十一月一日まで、五月一日にはベルティナと呼ばれる祭りを行い、十一月一日にはサウィンと呼ばれる祭りを行いました。

ベルティナからサウィンまでの期間は牛を牧草地に放すことができる暖かい季節で、これを祝う祭りとしてベルティナの祭りがありました。この祭りでは大きな火を焚き、牛が病気にかからないようにという祈願から、その火に牛を追うという儀式をしました。こうした儀式ももちろんドゥルイド僧が指揮しました。

サウィンの祭りは、その前夜十月三十一日の夜からはじまります。サウィンは一年の終わり、翌年のはじまりを示し、祭りでは、翌年の春・夏の幸運を祈願しました。この祭りではいけにえが捧げられ、供物を供えて神に祈りました。

ベルティナとサウィンのほかにも、二月一日、八月一日に祭りがありました。二月一日は、家畜を護ってくれるよう祈願する祭りで、八月一日は収穫を確かなものにするための祭りでした。

これらの祝祭はドゥルイド僧が司り、農耕や家畜にたずさわる人々が行いましたが、フィアナ騎士団のような騎士たちはというと、このベルティナ、サウィンの祭りを境に、五月一日からは狩猟の季節、十一月一日からは館内で宴や集会をする季節としていました。

三　フィアナ騎士団

フィアナ騎士団に入るには厳しい試験がありました。試験には次のようなものがありました。


一．十二冊の詩書に精通していること。

二．すぐれた詩が作れること。

三．地中に身体半分埋められたままで、ハシバミの楯と棒をもち、九人の騎士が投げる槍を防ぐこと。

四．髪の毛を紐で結び、後ろから追ってくる騎士に追いつかれないで、しかも、髪の紐もほどけず、森の枝を一本も折らずに逃げること。

五．自分の額の高さの枝を跳び越えること。

六．膝の高さに身をかがめて、坂を全力で駆けおり、駆けながら足のとげを抜くこと。

こうした厳しい試験をくぐり抜け、知識も体力もすぐれた者だけが、フィアナ騎士団に入れるのでした。

また、フィアナ騎士団のころになると、騎士たちは馬に乗って戦をしました。ク・ホリンの赤枝の騎士団が馬の引く戦車に乗っていたころからくらべると、一歩アーサー王の円卓の騎士団の姿に近づいた感があります。

＊一　フィアナ騎士団には相対する二つの系統がありました。一つがクールの家であるバスク家で、もう一つがモーナ家です。

＊二　ケルト人はハシバミを神聖な木、知識や知恵を象徴する木として、無闇に切ったりしてはいけないことになっていました。

＊三　オシーンは常若の国へいった物語が有名です。五十二ページを参照。

＊四　ディルムッドはフィアナ騎士団きっての美男子で、グラーニャとの悲恋で有名です。五十三ページを参照。

アングロ・サクソン叙事詩の英雄

ベーオウルフ

Beowulf

ベーオウルフは、イギリスの叙事詩に登場する英雄です。

ベーオウルフの活躍する物語『ベーオウルフ』は、八世紀末から十一世紀はじめのころまでにアングロ・サクソン人の作者によって作られたと考えられています。古代英語で書かれた三一八二行の頭韻詩の内容は大きく二部に分けることができます。第一部にあたる部分には、北欧を舞台として青年勇者ベーオウルフと半獣半人の怪獣グレンデルの戦いが描かれています。そして、第二部には、自分の国に戻り老王となったベーオウルフと火竜との戦いと、ベーオウルフの死が描かれています。

グレンデルとの戦い

その昔、デネの国（デンマーク）にフロオスガールという王がいました。彼は壮大な大宮殿を建造する力のある王であるとともに、一方でたくさんの財宝を民に分け与える賢明な王でもありました。

あるとき、グレンデルという人食い鬼が毎晩宮殿を襲うという事態が起こります。グレンデルはアダムとエバの子カイン[*一]の血を引き、凶暴で、素早く、人間を食って生きていました。グレンデルは夜になると宮殿を占拠し、それが十二年もの間続き、国内を地獄の底に陥れたのでした。

さて、ゲーアタスの国にベーオウルフという勇敢な戦士がいました。彼はデネの国の災いの話を聞き、名高い王フロオスガールを助けるために、頑丈な船を建造し、国内から勇ましい戦士を選び、デネの国を目指したのでした。

ベーオウルフは、デネの宮殿でグレンデルを待ちます。彼は鎖帷子と兜を脱ぎ、剣を部下の者に渡して床につきました。彼は、自分の力と、神の加護を信じて、素手でグレンデルに立ち向かうつもりなのでした。

いよいよグレンデルが宮殿にやってきます。グレンデルは眠っているベーオウルフにつかみかかりますが、ベーオウルフはグレンデルの腕を逆につかみ、その剛腕でグレンデルの手を砕いたのです。グレンデルは恐れをなし、なんとか逃げようとしますが、ベーオウルフはこれを許さず、グレンデルは片腕をもがれ、身体の骨は折れ、筋肉はばらばらになり、ついに最期を迎えたのでした。

グレンデルの母との戦い

ベーオウルフがフロオスガール王にもてなされているころ、グレンデルの母である妖女が、息子の復讐を誓っていました。

妖女は宮殿を急襲し、一人の武将を連れさり殺害します。これに報復するため、再びベーオウルフは立ちあがります。ベーオウルフは今回も素手で妖女を投げ飛ばしますが、妖女も恐ろしい力でもってベーオウルフに襲いかかってきます。そして、つまずき倒れたベーオウルフに妖女の魔剣が切りかかりました。しかし、ベーオウルフは身につけていた胸甲のおかげで命拾いをします。ベーオウルフは立ちあがると、持参していた武具の中から巨人の作った古く強い剣を取って、再び妖女に向かっていきました。ついにベーオウルフの剣が妖女を倒し、彼はフロオスガールの宮殿に凱旋したのでした。

火竜との戦い

ベーオウルフは帰国の途につき、ゲーアタスの国に帰り国王であるヒューゲラーク王にデネでの戦いを報告し、王に贈物を献上します。

やがてヒューゲラーク王が死に、その王子も戦で死ぬと、ベーオウルフが王位を継ぐことになりました。それから五十年の間、ベーオウルフは国を富ませ、国民に幸せをもたらしました。

ところが、あるとき火竜が現れ、土地を荒し、人々を襲ったのでした。しかし、この火竜に立ち向かおうとする者はなく、老王ベーオウルフは自分の最後の戦いとなることを知りながら、火竜退治に立ちあがるのでした。

ベーオウルフは鎧兜に身を固め、楯を持って火竜の棲む崖の下に立ちました。火竜の息は、熱い毒の湯気となって岩から漏れていました。ベーオウルフは、鋭い剣を抜くと火竜へと立ち向かいます。火竜もとぐろを巻きながら向かってきました。激しい戦いが続き、ベーオウルフが火竜の頭に剣をふりおろしたとき、剣の刃がこぼれてしまいます。そこへベーオウルフの部下ウィーグラーフが黄金色の楯を持ち加勢するのでした。二人はやっとのことで火竜を倒しますが、そのときベーオウルフは首筋に火竜の一撃を受けていたのでした。

ベーオウルフは、ついに息絶え、その遺体は彼の遺言により火葬され灰になりました。

ベーオウルフ・ガイド

一　イギリスとアングロ・サクソン人

イギリスの歴史はさまざまな人種の到来と征服の繰り返しといえます。たとえばざっとたどるだけでも次のような歴史があります。

前六世紀頃から……ケルト人の渡来
前一世紀頃から……ローマ人の遠征（ローマの属州となる）
二世紀頃から………アングロ・サクソン人がドイツより渡来
八世紀頃……………デーン人（ヴァイキング）の侵入
十一世紀……………ノルマン人の征服

こうした歴史をもっているために、『ベーオウルフ』も北欧を舞台としていたり、アングロ・サクソン人がキリスト教化した後の面が色濃くでています。

＊一

カインは最初の人間であるアダムとエバから生まれましたが、弟のアベルを殺し神によってエデンの東にあるノドの地に追放されました。悪をなすさまざまな鬼、悪霊、巨人たちは、このカインの子孫たちであるといわれています。

中世騎士伝説の英雄――一

アーサー王

King Arthur

騎士伝説の中でもとくに有名なのがアーサー王です。アーサー王伝説は、アーサー王の出生からその死までの物語です。そこには、アーサー王だけではなく、予言者マーリン、アーサー王の配下である〝円卓の騎士〟と呼ばれる騎士たち、そしてその騎士をとりまく美しい姫たちの物語が織り込まれています。

アーサー王は、イングランドの全土の王で、名剣エクスキャリバーを携えて、臣下の円卓の騎士たちとともに数々の武勲をたてました。強く、凛々しく、勇敢で、人に優しいアーサー王は、騎士や宮廷内の人々の尊敬を集めるだけではなく、国中の人々から敬われ愛されていました。

アーサー王の誕生

アーサー王は、イングランド全土の王ウーゼル・ペンドラゴンとコーンウォールの領主ティンタジェル公の妃イグレーヌの間に生まれました。

イングランドの位置

しかし、アーサーは、生後間もなく予言者[*一]マーリンの勧めでエクトル卿という騎士に預けられ、彼のもとで息子として育てられます。

ある年の正月元日に、ロンドンで馬上試合が催されることになりました。アーサーはエクトル卿のもとで少年に成長していました。

アーサーは、エクトル卿とその息子ケイ卿とともにロンドンに出かけます。試合に行く途中で剣を忘れたことに気づいたケイ卿のために、アーサーが剣を取りに宿に戻ることになりました。しかし、宿は留守になっていて中に入ることができず、アーサーは教会の敷地内の石に突き刺さっている剣を抜いて持っていこうと思いつきます。教会の敷地内には大理石のような四角い大きな石板が置かれていて、その上には鉄床が乗っていました。この石板と鉄床は、クリスマスの日に突然教会の敷地内に現れたものでした。鉄床の中央には美しい剣が突き刺さっています。剣には、「この剣を引き抜く者こそ、イングランドの正当なる王である」と記されていました。

これまで何人もの人がこの剣を抜こうと試みたのですが、誰も抜くことができませんでした。そんなことはなにも知らないアーサーは、剣の柄を持つとぐいと引き抜きました。

すると、剣は簡単に抜けたのです。この剣も名剣でしたが、有名なエクスキャリバーではありません。エクスキャリバーは、後にこの剣を失ってからアーサー王が手に入れることになります。

さて、アーサーが剣を抜いたことをケイ卿から聞くと養父のエクトル卿は、アーサーは実は自分の子ではなく高貴な血筋であることをアーサーに話します。諸侯、貴族たちもアーサーが王位につくことを認め、アーサーはイングランドの国王になりました。ここにアーサー王が誕生したのです。

円卓の騎士

アーサー王といえばキャメロットと円卓の騎士、とすぐに連想されます。

キャメロットはアーサー王の王国の首都であり、アーサー王の宮殿はこのキャメロットにありました。

また、円卓の騎士は、アーサー王がグィネヴィア姫と結婚したときに、グィネヴィア姫がもってきた円卓がもとで結成されます。

あるとき、アーサー王のもとに、北ウェールズの領主がカメラードの領主ロデグランス王に戦を仕掛けたという知らせが届きます。アーサー王はカメラードへ加勢のために旅立ち、勇敢に戦いました。

この戦で、ロデグランス王の娘グィネヴィア姫は勇ましく戦う若い騎士をアーサー王と知らずに恋し、戦の後二人は結婚します。

ロデグランス王は結婚の祝いにと、百人の騎士と円卓をグィネヴィア姫にもたせます。アーサー王は、グィネヴィア姫とともにやってきた騎士たちに、国中から探しだした立派な騎士を加えて、円卓の騎士団を結成するのです。

こうして、アーサー王と円卓の騎士団の黄金時代がはじまりました。

名剣エクスキャリバー

アーサー王の剣はエクスキャリバーという名剣で、アーサー王はこの剣で数々の武勲をたてました。

アーサー王は、名剣エクスキャリバーを〝湖の姫〟から授かります。冒険の旅に出て、その途中で教会の石から抜いた奇蹟の剣を折ってしまったアーサー王は、マーリンに導かれて湖へいきます。湖には剣をもった姫の手が、水面から突き出ていました。アーサー王は小舟に乗り、姫の手に近づいていきます。白い絹をまとったその手は、握っている剣の柄をアーサー王に向けて剣を受け取らせると、静かに湖の中に沈んでいきました。こうして、アーサー王はエクスキャリバーを手に入れたのでした。

エクスキャリバーは剣自体も名剣でしたが、剣よりも鞘の方が大きな魔力をもっていました。この鞘をもっている人間は、一滴の血を流すこともないとされていたのです。後に、この鞘は妖妃[*二]モルガン・ル・フェイに盗まれ、アーサー王は甥のモルドレッド卿によって重傷を負わされ、イングランドを去り、妖精の島アヴァロンへ渡ることになります。

アーサー王の武勲

円卓の騎士を率いた軍隊指揮官として功名をなしたアーサー王ですが、個人の戦闘力にもすぐれたものがありました。

アーサー王の武勇譚には、巨人との戦いがたびたび登場します。そこで、ここでは巨人との戦いのうちの二つの話を紹介することにします。

■リエンス王軍の巨人

アーサー王は、グィネヴィア姫と結ばれるきっかけとなった北ウェールズの領主リエンス王との戦いのさなかに、身の丈約四メートル五十センチもの巨人と一騎討ちをします。

激しい戦いの末、アーサー王の剣は巨人の首を斬りつけ、巨人の頭はいまにも落ちそうになりました。巨人の馬はその主人を乗せたまま、戦場をすごい勢いで駆けめぐったという話です。

■聖ミカエル山の巨人

もう一つは、ローマ軍との戦いに行く途中での出来事です。

アーサー王の船は、フランダースのバルフリートに着きました。すると、その国の農民の一人がアーサー王に次のように訴え出たのです。

「ブリタニーの隣国のコンスタンチーヌ国に、ものすごい巨人が現れて民を殺し、七年の間にその国の子供を皆食ってしまったのです。つい近ごろでは、ブリタニーの領主ハウエル様の奥様までひどい殺され方をなさいました。ハウエル様は、わたしどもの王様のいとこにあたられます。どうかこの恨みをお晴らしくださいませ」

こうして、アーサー王は聖ミカエル山の巨人退治に向かうことになりました。巨人は人の手足を食いながら火にあたっていました。側には三人の娘が捕らえられています。アーサー王と巨人の壮絶な戦いがはじまりました。巨人はアーサー王めがけて棍棒を打ちおろし、王の冠は地に打ち落とされました。一方巨人はわき腹を剣で切られ、そのはらわたは地に落ちました。二人は武器を捨ててとっくみあいとなり、そのまま山を転がり落ちていきます。しかし、アーサー王は、転がりながらも、すかさず、短剣で巨人を突き刺し、巨人は息絶えたのでした。

アーサー王の性格

武勇譚に彩られたアーサー王の生涯でしたが、ではアーサー王はいったいどんな性格のもち主だったのでしょうか。

ローマ軍との最初の戦いに勝利し捕虜を捕らえたアーサー王軍は、その捕虜をパリへ護送することになりました。護送の任にあたったのは、ラーンスロット卿[*三]以下の騎士たちでした。ローマ軍の攻撃にあいながらも、ラーンスロット卿の活躍により捕虜は無事に送り届けられました。

さて、ラーンスロット卿たちはアーサー王のもとに帰り、この戦いの結果を報告しました。アーサー王は殺された騎士についての報告を聞くや、彼らの死を嘆き悲しみ、次のようにいいました。

「ここで退却しても面目は失われることはない。勝ち目のない戦をするのは愚かなことだ」

しかし、ラーンスロット卿はこれに対し

「退却は面目を失うことであり、いったん面目を失えば取り返しがつかない」

とアーサー王に進軍を勧めるのです。

アーサー王とラーンスロット卿の性格の違いがよくわかる一節です。

このようにアーサー王はたいへん優しい人柄でしたが、この優しさは優柔不断さと裏表ともいえるものでした。ラーンスロット卿との戦いをはじめた結果、彼自身の生涯の終わりを招くことになったのもこの優柔不断さによってでした。

ラーンスロット卿と王妃グィネヴィアとの不倫に怒ったアーサー王は、ラーンスロット卿討伐の命を下します。

ラーンスロット卿との戦いでアーサー王はボールス卿に馬から突き落とされます。すると、ラーンスロット卿がかけつけ王を助け起こして馬に乗せました。このときアーサー王はラーンスロット卿のこれまでの忠誠を思い出し、何故このような戦いになったのかと悔いるのでした。しかし、アーサー王[*四]はガウェイン卿のラーンスロット卿への憎しみに引きずられ、戦いを止めることができませんでした。

アーサー王の最期

アーサー王伝説を記した書物はいろいろありますが、アーサー王の生涯を綴ったもので最もすぐれているとされ、諸本の原典とされているものに十五世紀後半にサー・トーマス・マロリーが書いた『アーサー王の死』があります。『アーサー王の死』では、全二十一巻のうち、アーサー王が主人公になっているのは最初の五巻までと最後の二十巻、二十一巻のみです。物語の大部分を占める十四巻におよぶページは、円卓の騎士の一人ラーンスロット卿を主人公としたものです。第六巻以降、アーサー王の武勇は凄惨なアーサー王最期の戦いまでみられないのです。

ラーンスロット卿の話は、百十五ページで詳しく紹介するのでここでは省略することにして、アーサー王についてのことの顚末を簡単にお話することにしましょう。

大まかにいえば、次のようにして物語は続き、アーサー王は悲惨な最期を迎えます。

円卓の騎士の一人ラーンスロット卿は、アーサー王の妃グィネヴィアと恋に落ちてしまいます。かねてから二人を快く思っていなかったアグラヴェイン卿（アーサー王の甥）とモルドレッド卿（アーサー王の息子）は、二人の関係を暴きたてるのでした。そのときの

いざこざでラーンスロット卿はアグラヴェイン卿をはじめ円卓の騎士の何人かを殺してしまいます。二人の関係を薄々知っていたアーサー王も、こうなっては黙っているわけにはいかず、ラーンスロット卿追討の軍をだすことになります。

この戦でラーンスロット卿は自分の領地のフランスへと逃れ、アーサー王はこれを追って海を渡ります。

一方アーサー王の留守に息子のモルドレッド卿が王位を奪おうとたくらみました。それを知ったアーサー王は、モルドレッド卿と戦うために急いでイングランドに引き返します。けれども、アーサー王はモルドレッド卿の刃に倒れてしまいます。

今まさに死んでいこうとしているアーサー王は臣下のベディヴィア卿に、湖にエクスキャリバーを投げ込むように申しつけるのでした。ベディヴィア卿が剣を湖に投げると、湖の中からすーっと手が現れ、剣をつかむと再び湖の底へと消えていきました。エクスキャリバーは湖に戻っていったのです。

そのとき、数人の貴婦人たちを乗せた小舟が湖を渡ってきました。アーサー王はこの小舟で、妖精の島アヴァロンへと去っていきます。この後、王妃グィネヴィアとラーンスロット卿も死に、アーサー王の物語は幕を降ろします。

イングランドには、国に大きな災いがふりかかったとき、アーサー王がアヴァロンから戻ってきて、国を救うといういい伝えが残りました。

さて、アーサー王についての話の最後に、ここからはアーサー王をめぐる人々を紹介しながら、彼の周辺で起きていた出来事について見ていくことにしましょう。

予言者マーリン

アーサー王をめぐる人々の中でも最も重要な働きをするのが予言者マーリンです。

マーリンは、アーサー王即位以降、いくたびかの戦いに予言や助言を与え、また魔術でアーサー王を救うなど、あらゆる面でアーサー王を補佐します。名剣エクスキャリバーを授かるための道案内、王妃グィネヴィアとの結婚も実はマーリンの企ての一つでした。

マーリンは、インキュバス[*五]の父と人間の母の間に生まれました。

マーリンがまだ幼いころ、イングランドはヴォルティゲン王が治めていました。ヴォルティゲン王は先王を亡きものにし、王位を奪ったのでした。あるとき王はスノードニア[*六]山地に城を築こうとしましたが、造りかけるとすぐに崩れてしまうということがたびかさなりました。この解決策を魔術師たちに占わせると、人間でない父親の子で、すでに父を亡くしている子供の血を城の土台の石にふりかけよ、といわれます。そこで、国中を探し、マーリンが連れてこられるのです。

マーリンは王に「城の地下深くに二匹の竜がいるためだ」と申したてます。工事の者が地下を掘ると赤い竜と白い竜が出てきて戦いをはじめました。再びマーリンは王にこう告げます。

「この二匹の竜は正しい王位の継承者である先王の弟ウーゼルとペンドラゴンの侵入を表している」

予言のとおり、まもなく王の二人の弟たちがやってきてヴォルティゲン王を滅ぼし、ペンドラゴンが王位につきました。しかしペンドラゴンは戦で命を落とし、かわってウーゼルが王位につきました。このときウーゼルは、自分の名前につけ加えてペンドラゴンの名称を受け継ぎ、ウーゼル・ペンドラゴンと名乗ることにしました。このウーゼル・ペンドラゴンこそ、アーサー王の父なのです。マーリンは王の相談役として働くことになりました。

さて、マーリンは未来を予言する能力のほかにも、数々の魔術を行うことができました。その予言と魔術はアーサー王の危機をたびたび救います。

■マーリンの魔術

●人を眠らせる
アーサー王がペリノア王にやられそうになったときに、ペリノア王を三時間眠らせてアーサー王を救いました。

●変身（変装）する、または変身させる
マーリンはいろいろな姿、たとえば猟師や少年、老人などに化けてアーサー王の前に現れます。また、ほかの人を魔術により変身させることもできました。この例としては、ウーゼル王がティンタジェル公の妃イグレーヌに恋をしたとき、王をティンタジェル公の姿に変えて思いを遂げさせたことがあります。

●巨大な物を動かす
大きな物に呪文をかけて動かすことができました。

ソールズベリー平原のストーンヘイジ[＊七]は、マーリンが呪文をかけてアイルランドから運んだとされていますし、ある戦いでは、敵陣の天幕を一度にひっくり返して混乱させました。

■マーリンの恋と破滅

さて、これまでお話してきたように、いろいろな場面でアーサー王を助け活躍してきたマーリンですが、彼が登場するのはアーサー王の物語の初期のころ、つまりグィネヴィア姫との結婚のあたりまでなのです。

ではなぜ、マーリンは姿を消したのでしょうか？

それは恋のためでした。マーリンほどの偉大な予言者も、その恋のために未来を占う力を失ってしまったのです。

あるとき、マーリンは湖の淑女ヴィヴィアン[＊八]（妖精）に出会い、その虜になってしまいます。しかし、ヴィヴィアンはマーリンをもてあそび、まんまとマーリンの魔術を盗みだすのでした。

ある日、マーリンがヴィヴィアンの膝に頭をのせて眠っていると、ヴィヴィアンはそのすきに帯でマーリンのまわりに九重の魔術の円を描きました。この魔術でマーリンは霞の塔に閉じ込められてしまいます。魔術をかけたヴィヴィアンはこの塔を自由に出入りできましたが、マーリンにはどうすることもできませんでした。

こうして、マーリンはアーサー王や円卓の騎士たちの前から去ってしまったのです。アーサー王は騎士たちにマーリンの行方を探させました。その中の一人ガウェイン卿は、森の中で煙のようなものの中から誰かのうめき声を聞きました。それは霞の塔に閉じ込められたマーリンの声でした。マーリンはこれまでのいきさつをガウェイン卿に話し、それとともにアーサー王への伝言[*九]を告げます。

それ以降マーリンに会った人はいませんでした。スペインの書物によると、このときマーリンは父に助けを求めて叫び、それもかなわず最後に恐ろしい叫び声を一声あげたということです。その声は三リーグ（約十三・五キロメートル）離れたところまでも届き、アーサー王の城では像の手にともされた火が突然消えた、という話です。もし、マーリンがいつまでもアーサー王のそば近くいたならば、アーサー王もあのような悲惨な最期は迎えずにすんだかもしれません。

妖妃モルガン・ル・フェイ

モルガン・ル・フェイはアーサー王誕生に関与した予言者マーリンとは対照的に、アーサー王が死におもむく場面で役割を果たします。

瀕死の重傷を負ったアーサー王は、たくさんの貴婦人につき添われてアヴァロンの島へと向かいます。貴婦人の一人はモルガン・ル・フェイであり、彼女はアヴァロンの女王でもありました。

■モルガンの略歴

モルガン・ル・フェイはコーンウォールの領主ティンタジェル公とイグレーヌ妃の間に生まれた三女で、アーサー王の異父姉にあたります。幼いころに尼僧院に入れられ、その後ゴール国のウリエンス王の妃となり、[*十]イウェイン卿を生みます。

尼僧院を出てから後、しばらく王妃になる前のグィネヴィアの侍女をしていたともいわれています。

モルガンは、ウリエンス王の妃となっても、魔術を使って多くの男を虜にしました。円卓の騎士ラーンスロット卿も、モルガンに狙われた一人です。モルガンは、ついには夫ウリエンス王を殺害しようと謀りますが、息子のイウェインに止められます。

■モルガンの魔術

●傷や病を治療する

深手を負ったアーサー王は、小舟でアヴァロンへと連れていかれます。アーサー王は、ベディヴィア卿に、自分は傷をいやすためにアヴァロンへいくといい残します。モルガンは治療の術を心得ていたのです。

●空を飛ぶ

モルガンは、鳥に変身し空を自由に飛ぶことができました。

●変身する

モルガンは、空を飛ぶために鳥に変身したように、いろいろなものに変身することができました。

あるときは絶世の美女、あるときは醜い老婆となりました。

●偽物を作る

モルガンは、偽のエクスキャリバーを作り、アーサー王に使わせてアーサー王を殺そうと謀りました。

また、偽のグィネヴィアを作り、アーサー王はこれにだまされてしまいます。

●〝帰らずの谷間〟を作る

初恋の男に裏切られたモルガンは、不実な男や女を虜にする快楽の地〝帰らずの谷間〟を作ります。ここに捕らわれた者は幸せに遊び暮らすことができますが、実世界からは追放された状態になってしまいます。

モルガンの魔術は幼少の頃、尼僧院に入れられて、そこで修得したという話と、マーリンから習ったという話があります。

後者の話では、かつてマーリンは、モルガンに憧れていました。モルガンはグィネヴィアの侍女の勤めをやめてマーリンのもとへ向かいます。そして、マーリンの恋心を利用して魔術を習ったというのでした。

■モルガンの中の悪と善

モルガンはアーサー王と王妃グィネヴィアを憎み、そしてあらゆる婦人の憧れの的であるラーンスロット卿をいまいましく思い、ありとあらゆる策謀を練ります。

モルガンは、たとえば、次のような悪事を働きました。

●エクスキャリバーを盗み、アーサー王と戦う騎士に与える。

●エクスキャリバーの鞘（この鞘を身につけていると一滴の血を流すこともない）を盗んで湖に投げ入れる。
●二人の妖女とともにラーンスロット卿をかどわかし、自分たちをとるか死をとるかと誘惑する。
●ラーンスロット卿と王妃グィネヴィアの恋をアーサー王に知らせ、王と王妃の仲、ラーンスロットと王妃の仲、そして王とラーンスロットの仲を破綻させようとする。

こうした悪行をつくした妖妃モルガン・ル・フェイも、アーサー王伝説最後の場面では善意を示します。

モルドレッド卿との戦いで重傷を負ったアーサー王は、ベディヴィア卿につき添われ湖の岸につきました。すると、彼方からたくさんの貴婦人を乗せた小舟がこちらに向かってきます。アーサー王はこの小舟に乗り込むのでした。貴婦人の中にはマーリンを陥れたヴィヴィアン、そして妖妃モルガン・ル・フェイもいました。傷を治療する術をこころえているモルガンはアーサー王に、次のように優しく呼びかけるのです。

「弟よ、どうしてなかなかアヴァロンへこなかったのですか。そなたの頭の傷はすっかり冷えきってしまっているではないですか」

アーサー王はモルガンの術によって回復したという話もあり、この場面は妖妃と呼ばれるモルガンの善の一面を伝えています。

アーサー王の血縁

●アーサー王の系譜

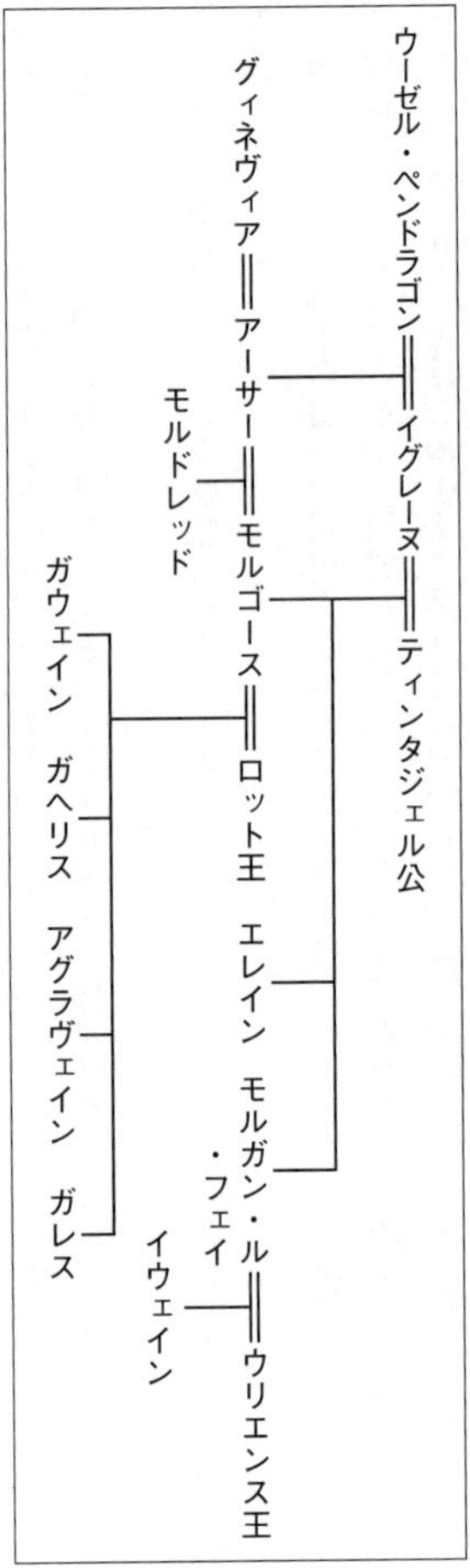

■ウーゼル・ペンドラゴン（実父）

イングランド全土の王。ティンタジェル公の妃イグレーヌに横恋慕して、イグレーヌとの間にアーサーをもうけます。

■イグレーヌ（母）

コーンウォールの領主ティンタジェル公の妃。当時ティンタジェル公とペンドラゴン王は戦をしていましたが、イグレーヌ妃はマーリンの魔術によって夫ティンタジェル公の姿に化けたペンドラゴン王と結ばれ、アーサーを身ごもります。彼女がペンドラゴン王と結ばれているとき、夫ティンタジェル公はペンドラゴン王の軍勢に攻め込もうとしていましたが反対に殺されてしまいました。

■エクトル卿（養父）

マーリンのはからいによって、主君ペンドラゴン王の息子アーサーを預かり、自分の息子として養育します。忠誠心のあつい騎士であり、またアーサーにも実の子同様に接しました。

■ケイ卿（義兄）

エクトル卿の息子。アーサーが教会の剣を抜いてもってきたとき、ケイ卿はイングランド王の剣だと気がつき、はじめ自分が引き抜いたと父のエクトル卿に告げます。けれどもエクトル卿に見抜かれ、本当のことを話します。アーサーが王位につくと国務長官に取り立てられます。聖杯の探求で有名な円卓の騎士パーシヴァルの物語にも登場します

（百四十六ページを参照）。

アーサー王の母イグレーヌには、先夫ティンタジェル公との間にモルゴース、エレイン、モルガンという三人の娘がいました。

■モルゴース

長女モルゴースは、ロージアン国とオークニー国のロット王に嫁ぎ、円卓の騎士ガウェイン卿、ガヘリス卿、アグラヴェイン卿、ガレス卿の四兄弟を生みます。モルゴースは、使者という名目でアーサー王をスパイしにきます。このときモルゴースはアーサー王の子モルドレッドを宿すことになるのです。つまり、アーサー王を殺すことになるモルドレッド卿は、アーサー王とその異父姉モルゴースとの子ということになり、甥でありながら息子でもあったのです。

■エレイン

次女エレインはネントレス国の王妃となります。彼女に関する出来事はとくに重要なことはありません。

■モルガン・ル・フェイ

三女モルガン。前述の紹介を参照してください。

アーサー王の異父姉の紹介の次に、その息子たち、つまりアーサー王の甥たちについて紹介します。

■ガウェイン卿

ロット王とモルゴースの長男ガウェイン卿については、百二十九ページで詳しく紹介するので、ここでは円卓の騎士の一人で数々の武勲をたてたというだけにとどめておきます。

■ガヘリス卿

ロット王とモルゴースの次男。円卓の騎士の一人です。ラーンスロット卿に好意的でしたが、アーサー王の名により王妃グィネヴィアの火刑を執り行いにいき、彼とは知らないラーンスロット卿に、弟ガレス卿ともども殺されてしまいます。このとき、心の底では王妃の火刑を望まないガヘリス、ガレスの兄弟は、武装をせずに出向いたためラーンスロット卿もまさか彼とは思わず、殺してしまったのでした。

■アグラヴェイン卿

ロット王とモルゴースの三男。円卓の騎士の一人です。アーサー王の息子モルドレッド卿とともにラーンスロット卿と王妃グィネヴィアを陥れようとします。これがもとで戦が起こり、円卓の騎士団は崩壊してしまいます。

■ガレス卿

ロット王とモルゴースの四男。円卓の騎士の一人です。ラーンスロット卿によって騎士に任命されました。ラーンスロット卿を敬愛し、彼からも身内のようにかわいがられていました。兄ガヘリス卿とともに、王妃グィネヴィアの火刑場でラーンスロット卿に殺されてしまいます。

■イウェイン卿

ウリエンス王と妖妃モルガンの子。「白い手のイウェイン」と呼ばれました。

次はアーサー王の子供について紹介します。

アーサー王と王妃グィネヴィアには子供がいませんでしたが、アーサー王は異父姉モルゴースと、サナム伯爵の娘リオノルスとの間に、それぞれ男の子をもうけています。

■モルドレッド卿

モルゴースを異父姉と知らなかったアーサー王が、誤ってモルゴースと関係し生まれた子です。つまりアーサー王は叔父であり、父にもあたります。成人し、円卓の騎士に加えられますが、いとこのアグラヴェイン卿と謀り、王妃グィネヴィアとラーンスロット卿の不倫を発覚させて、アーサー王とラーンスロット卿を戦わせました。また、アーサー王がラーンスロット卿を追ってフランスへ出兵している留守に、イングランド国王の座を横取りしようと謀ります。最後には、引き返してきたアーサー王と戦い、アーサー王に殺されますが、このときアーサー王にも致命傷を負わせました。

■ボール卿

サナム伯爵の娘リオノルスとアーサー王の間に生まれ、円卓の騎士の一人となります。とくに重要な人物ではありません。

アーサー王・ガイド

一　アーサー王伝説

伝説の舞台は、現在のイギリス、つまりイングランド、ウェールズ、コーンウォール、スコットランドの各地方、そしてアイルランドとフランスのブルターニュ地方になっていて、それぞれの地方にはアーサー王にまつわる伝説が伝えられています。

現在のイギリス（大ブリテン島＋北アイルランド）の内の大ブリテン島は、かつては、イギリスという一つの大きな国ではなく、イングランド、スコットランド、ウェールズといった王国（または大公国）に分かれていた時代、さらにはケント、エセックス、サセックスなどの王国に分かれていた時代など、その時代によってさまざまな国に分かれていました。アーサー王が活躍したのは六世紀のはじめころとされていますが、歴史の上では、六世紀より前のイギリスはピクト人の住むカレドニア（現スコットランド）、ブリトン人の住むブリタニア（イングランドおよびウェールズ）の二つの国として記録されています。アーサー王の物語は、実際にアーサー王が存在したと思われる六世紀ころに書かれた話ではなく、後の時代に話を次々に継ぎ足して形成されており、またたくさんのアーサー王伝説がとけあっています。そのため国名や国の区分など不明な点や書物によって異なっている点があります。本書ではアーサー王が治めた王国を〝ブリタニア〟という名称ではなく〝イングランド〟という名称で呼んでいます。

二　アーサー王は実在した!?

アーサー王はまったくの伝説上の人物というわけではありません。六世紀のはじめ、侵入してきたサクソン人と戦ったブリトン人[*十一]の中にアーサーという名の将軍がいたという記述があります。

それ以前のブリテンはカエサル[*十二]の遠征以来、長い期間ローマ帝国の支配下にありましたが、ローマ支配にも慣れ、平和であり、栄えていました。しかし、ローマ帝国の衰退とともにおよそ三世紀末ころから、西からはスコット人（アイルランド人）、北からはピクト人の侵攻を受けるようになります。これらスコット人、ピクト人の侵攻に対抗するために、ブリトン人はサクソン人（アングロ・サクソン人）に援軍を要請しました。援軍としてブリテンにきたはずのサクソン人は、しだいに征服のための渡来者に変わりました。このサクソン人の脅威は大きく、彼らから逃れるため、ブリトン人の多数が対岸のノルマンジーやブルターニュに渡りました。

こうした、サクソン人との戦いでブリトン人側を何度か勝利に導いたのが将軍アーサーです。彼は、ブリトン人の諸部族の軍団の総指揮者ともいわれています。そして、将軍アーサーはベイドン・ヒルの戦いで圧倒的な勝利をおさめ、サクソン人からブリテンを守ったのでした。サクソン人は東部または南部に逃げ、そこで約半世紀の間、息をひそめて再度の侵攻に備えました。ベイドン・ヒルの勝利の後、ブリテン国には平和と安定が訪れます。

しかし、将軍アーサーの没後（五二〇年ころ）、ブリテンは再び進撃してきたサクソン人に征服され、ブリトン人はウェールズやコーンウォール、スコットラ

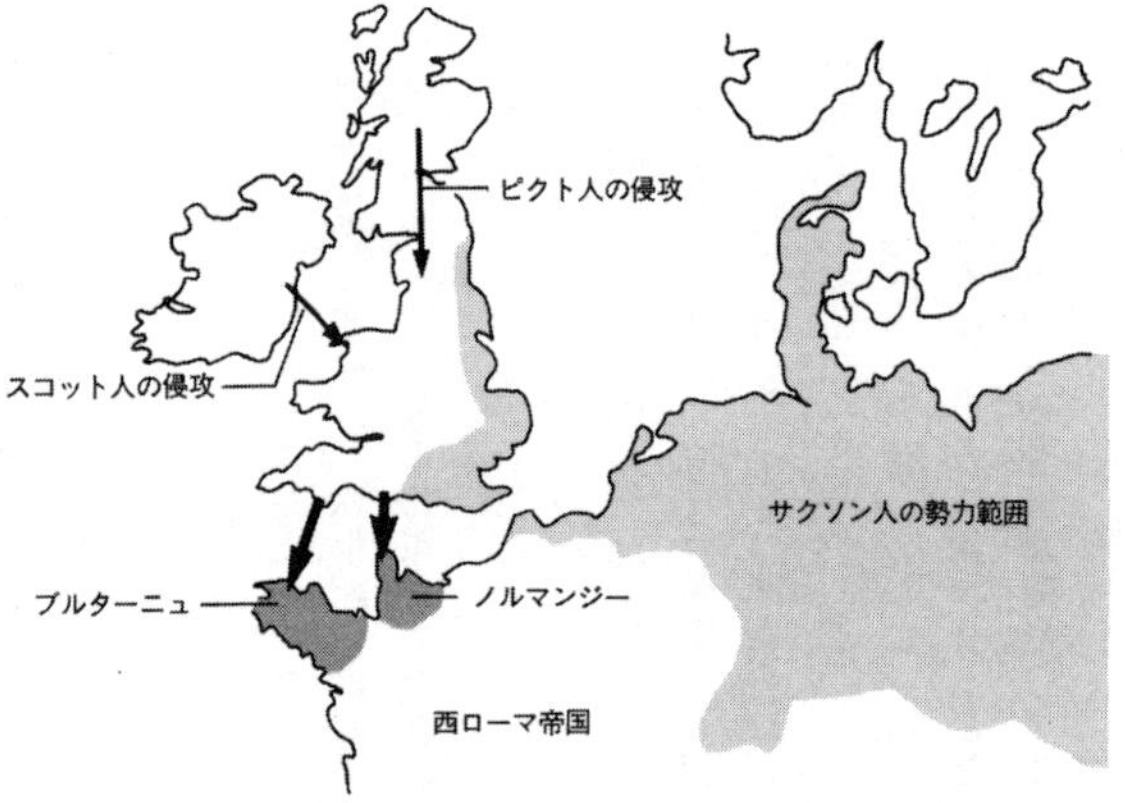

ブリトン人の移動

ンド、アイルランド、またはブルターニュなどに移らざるをえませんでした。ブリトン人は平和だった半世紀の日々を思い、自国の再興を願いました。そしてこの願いが、長い年月をへて将軍アーサーを救国の英雄アーサー王にしたてあげたのです。

三　アーサー王伝説の成立

アーサー王についてのまとまった記述としては、十二世紀に書かれた『ブリテン列王史』が最初のものです。

『ブリテン列王史』には、アーサーの誕生からその死までが綴られています。この『ブリテン列王史』をはじめ、『マビノギオン』と呼ばれているウェールズの古い物語群、フランスで書かれた数々の宮廷物語（ロマンス）などが、アーサー王伝説を形作っているのです。これらのアーサー王伝説についての書物の集大成的存在が前に紹介したサー・トーマス・マロリーの『アーサー王の死』です。

『ブリテン列王史』

十二世紀、ジェフリー・オブ・モンマスがラテン語で書いた十二巻よりなるブリテン諸王についての書物。アーサー王に関しては、九巻から十一巻までに、その生誕から死までが記述されています。しかし、ここにはまだラーンスロット卿をはじめとする円卓の騎士の物語や、さまざまな恋物語、そして聖杯の探求の物語も書かれてはいません。

ジェフリーの著書としては、この『ブリテン列王史』のほかに、予言者マーリンについての著書が二冊あります。その一冊は『マーリンの予言』で、『列王史』の前に書かれたものです。もう一冊もやはりマーリンに関するもので、マーリンの伝記である『マーリン伝』です。『マーリン伝』は『列王史』の後に書かれました。

『ブリュ物語』

『ブリテン列王史』が書かれて二十年後、フランスのヴァースが『ブリテン列王史』のフランス語版である『ブリュ物語』を書きました。ここには『列王史』に欠けていたフランスの宮廷風恋愛物語の要素が加えられているなど、『列王史』が歴史的であったのに対して、より物語的になっています。

『ブルート』

ヴァースの『ブリュ物語』から四十四年後に完成したイギリスのラヤモンの『ブルート』は、『ブリュ物語』の英語版です。『ブリュ物語』よりもさらに細かい部分が書き加えられ、アーサー王伝説は次第に長大な物語になりました。

『マビノギオン』

『マビノギオン』は、シャーロット・ゲスト夫人が一八七七年に編んだウェールズに伝わる物語集で、十二の話から成ります。そのうちアーサー王に関するものは、五話あります。

＊一 九十三ページを参照。

＊二 九十八ページを参照。

＊三 百十五ページの「ラーンスロット」のページを参照。

＊四 百二十九ページの「ガウェイン」のページを参照。

＊五 夢魔とも呼ばれ、人間の男の姿をしており、人間の女と性交し魔性をもった子を産ませる悪魔のこと。

＊六 ウェールズ地方で一番高い山であるスノードン山を中心とした山々と小さい湖が点在する一帯。

＊七 イギリスの南西部にあるソールズベリー平原にある、前二十一世紀から前十二世紀頃にかけて造られたといわれている巨石群。建設の目的は不明ですが、宗教的な儀式に使われたのではないかと推測されています。

＊八 彼女は、後に円卓の騎士の一人ラーンスロット卿の育ての親になります。

＊九 その伝言とは、「聖杯をすぐに探しだしなさい。探しだすことができる騎士はすでにこの世に生を受け、騎士の称号を受けています」というものでした。聖杯とは、最後の晩餐で使われた杯で、その存在によって、幸福がもたらされるといわれています。聖杯探求の旅については、百四十五ページの

「パーシヴァル」のページや、百五十六ページの「ギャラハッド」のページを参照。

＊十　百二ページの系譜を参照。

＊十一　ブリタニアに住んでいたケルト系の民族。

＊十二　ユリウス・カエサル（紀元前一〇二～紀元前四四年）。英語読みではジュリアス・シーザー。ローマ共和政末期の将軍であり、政治家。前五八年から前五一年にかけてガリア（ケルト）遠征を行い、西ヨーロッパ一帯へローマの勢力を広げました。

中世騎士伝説の英雄――二

ラーンスロット

Launcelot

ラーンスロットはアーサー王の忠実な騎士たち〝円卓の騎士〟の一人です。

ラーンスロットは〝騎士の華〟と呼ぶにふさわしい強く勇敢な騎士でした。その腕前は円卓の騎士随一で、馬上試合での活躍はほかの騎士をまったく寄せつけませんでした。また、騎士としての面目を重んじ、正義のためには命を賭けて戦い、つねに礼儀正しく、弱い者や困っている者がいたら、すぐに助けに駆けつけました。

アーサー王の妃グィネヴィアが円卓の騎士の一人を毒殺した罪（これは無実の罪でした）で火あぶりの刑にかけられようとしたときにも、急いで駆けつけ、グィネヴィアを訴えた[*一]マドール卿と戦ってうちまかし、彼女の命を救いました。

強くて勇気があり、礼儀正しいラーンスロットを、まわりの貴婦人たちは、うっとりとみつめ、彼に恋焦がれたのでした。アーサー王の王妃グィネヴィアもその一人でした。この王妃グィネヴィアとの恋が、ラーンスロットの運命を、そしてアーサー王や王国の運命を、悲劇へと導いていくことになるのです。

湖のラーンスロットの生い立ち

ラーンスロットは、ブリタニーのバン王と妃エレインとの間に生まれました。あるとき、バン王は敵の大軍に攻められ、妻と子のラーンスロットだけを連れて城を脱出しました。

逃げる途中、バン王は火の手のあがる城を振り返り、悲嘆のあまりその場に倒れてしまいます。妃は抱いていたラーンスロットを草の上におろすと、急いで王のもとへ走り寄りました。しかし、すでに王は息絶えていました。妃は嘆きながらもラーンスロットのもとへ戻ってきましたが、離れていた隙にわが子は見知らぬ美しい女の人の手に抱かれ、そのまま近くの湖の中に消えていってしまいました。

この女の人は、〝湖の淑女〟[*二]ヴィヴィアンでした。ヴィヴィアンは、その後ラーンスロットを湖の[*三]自分の城で育て、武術や礼儀作法など騎士となるための教育をしました。このことからラーンスロットは〝湖のラーンスロット〟と呼ばれました。

ラーンスロットが十八歳になったとき、ヴィヴィアンはラーンスロットをキャメロット[*四]へ連れていき、アーサー王に騎士としての資格を授けてもらいます。ラーンスロットがはじめてアーサー王の前にひざまずいたときから、王妃グィネヴィアの心はラーンスロットにひかれてしまいました。

以後、ラーンスロットは、王妃グィネヴィアとの恋とアーサー王への忠誠の板ばさみとなります。

ラーンスロットの恋

さて、騎士に任命されたラーンスロットは、円卓の騎士に加えられ、戦で数々の武勲をたてました。また、アーサー王の催す馬上試合でも見事な働きをします。いまや騎士の中でラーンスロットの右に出る者はいませんでした。こうしたラーンスロットに王妃グィネヴィアはますます恋心を燃やし、ラーンスロットも王妃に自らを捧げようと誓うのでした。

ラーンスロットが一人の女性を思う気持ちは一途で、潔癖でもありました。たとえば、こんなこともありました。

あるとき、ラーンスロットは甥のライオネル卿と、冒険の旅へ出かけました。旅の途中、ライオネル卿は巨大な騎士から三人の騎士を救おうとして反対に捕らえられてしまいます。一方、ライオネル卿を探すラーンスロットは、妖妃モルガン・ル・フェイの館へ連れていかれてしまいます。

「騎士よ、この世のあらゆる騎士のうちで最も気高い騎士、湖のラーンスロットよ。私たち四人[*五]のうちの一人を選びなさい。もし、選ばなかったら、そなたはこの牢で命を終えるのです」

モルガン・ル・フェイの言葉に、ラーンスロットは「卑しい関係を結んで生き延びるより、愛する人への尊敬を胸に死ぬ方がましだ」といい放ちます。

四人は怒って牢から引きあげます。しばらくして正午の昼飯をもって少女がやってきます。少女は、自分がさる王の娘であり、その王は来週北ウェールズの王と試合をするが、もしラーンスロットが試合の助勢をしてくれると約束するなら、牢から助け出すと告げるのでした。ラーンスロットは少女の言葉どおりにすると言い、牢を脱出することができます。

少女の父である王に加勢し、少女との約束を果たしたラーンスロットは、再び冒険の旅を続けました。

ラーンスロットの冒険行

ラーンスロットは当時の騎士たちがみなそうであったように冒険を好み、冒険を求めては旅に出ました。そして、その冒険の旅で、さまざまな危険に出遭い、恐ろしい敵と戦いました。また、前に紹介したように、ラーンスロットはアーサー王が開催する馬上試合でも大活躍し、また、愛するグィネヴィアの危機とあればなにはさておき駆けつけたのでした。

では、ラーンスロットがどんな戦いをしたのか、急ぎ足ではありますが見てみることにしましょう。

■嘆きの姫の救出

旅の途中、美しい城に〝嘆きの姫〟と呼ばれる姫が幽閉され、熱湯につけられているという話を聞いたラーンスロットは、姫の救出に向かいます。姫はその美しさを妬んだ妖妃モルガン・ル・フェイとノースガリスの王妃によって魔法をかけられ、世界一すぐれた騎士がやってきて抱きあげるまでは逃げることができないのでした。ラーンスロットが姫の閉じ込められている部屋に入り、姫を抱きあげると、この魔法は解けたのでした。

■巨大な騎士と死闘を繰り広げる

あるときラーンスロットは、タークィンという名の巨大な身体をした騎士が、アーサー王の騎士たちを六十人以上も自分の城に捕らえているという話を聞きます。そこで、ラーンスロットは騎士たちを救いに城へ向かいました。タークィンは弟のカラドスを殺した円卓の騎士を探して仇を討とうとしていたのです。その仇とはラーンスロットでした。タークィンは目の前にいるラーンスロットが弟の仇と知り、どちらかが死ぬまで戦いぬく決意で挑んできました。数時間にわたる死闘が繰り広げられ、ついにタークィンは傷つき疲れはて、このときとばかりに切りつけてきたラーンスロットに首をはねられてしまいました。

■無実のグィネヴィアを救う

王妃との仲を周囲の人々から中傷されていたラーンスロットは王妃を避けるようにしていましたが、王妃はそのラーンスロットの態度に腹を立て彼を宮廷から追放してしまいました。

それからしばらくして、アーサー王の宮廷で開かれた宴で一人の騎士が毒りんごを食べ

て死にました。このりんごは、実はピネル卿という騎士が、ガウェイン卿を殺そうと企んで用意したものでした。しかし、果物が大の好物だったガウェイン卿ではなく、別の騎士がりんごを食べて死んでしまったのでした。死んだ騎士のいとこにあたるマドール卿はこの毒は王妃グィネヴィアがしこんだのだといいだし、王妃を訴えました。当時はこうした場合、誰かが王妃の潔白の証として、訴えでたマドール卿と戦わなければ、王妃は死刑になってしまうのでした。王妃に追放されていたラーンスロットは王妃の危機を伝え聞いて駆けつけ、マドール卿と対決、見事マドール卿に勝って告訴をとりさげさせました。

■荷車の騎士となる

あるとき、王妃グィネヴィアに横恋慕するメリアグランス卿が王妃をさらってしまいました。このときラーンスロットは王妃救出に駆けつけますが、メリアグランス卿の家来に馬を射られ、通りかかった荷馬車を借りて、やっとのことでメリアグランス卿の城へ向かいます。しかし、勇者ラーンスロットの登場に恐れをなしたメリアグランス卿はあわてて降伏し、王妃に許しを乞うのでした。ラーンスロットはこの事件のため「荷車の騎士」と呼ばれるようになりました。

ラーンスロットの死

王妃グィネヴィアとラーンスロットの恋は、ときがたつにつれて激しく燃え、王宮の人々すべてが知るところとなります。

そして、二人のことを快く思っていないアグラヴェイン卿とモルドレッド卿は、二人が一緒にいるところに踏み込みます。やむをえずラーンスロットは円卓の騎士数人を斬ってキャメロットから逃げだします。これが円卓の騎士団の崩壊のはじまりでした。

二人の関係を薄々気づきながらも知らないふりをしていたアーサー王も、こうなっては兵をあげるしかなく、ついにはラーンスロットとの戦がはじまります。

しかし、敬愛する主君アーサー王にはむかうことができないラーンスロットは、戦の最中アーサー王に打ち込まれても打ち返すことをせず、馬から落ちたアーサー王を助け起こし、馬に乗せるのでした。

ラーンスロットは、城を捨てて、自分の領地である海の向こうの土地（フランス）へ渡るのでした。アーサー王もこれを追って戦いますが、モルドレッド卿の謀反の知らせを受け、急いでイングランドへ引き返します。

これに対し、今は敵となっているラーンスロットもアーサー王の救援に向かいます。そのきっかけは、ガウェイン卿からの一通の手紙でした。

ガウェイン卿は、ラーンスロットから受けた傷により瀕死の状態にありました。すべての気高い騎士の中の華へ、と書かれた手紙の中でガウェイン卿は、かつてあった愛に免じてアーサー王を救ってくれるようにと丁重に、かつ切々と訴えます。

ラーンスロットはアーサー王を助けようと全軍を率いてドーヴァーを渡ります。しかし、すでにアーサー王は死に、再会もつかの間、王妃グィネヴィアも亡くなり、悲嘆のうちにラーンスロットは床に伏し、ついには息絶えるのでした。

ラーンスロット・ガイド

一　騎士になるには

貴族の家柄に生まれたからといって、なにもせずに騎士になれるわけではありません。騎士として認められるには、幼いころからそれなりの修行が必要でした。

まず、貴族の男の子はその少年期は乳母やそのほかの婦人たちに育てられます。そし

て、十歳ころになると王や有力諸侯の城へ預けられ、学問を修め、礼儀作法をしつけられます。そして、そこで騎士に欠かすことのできない能力である、狩猟、馬術、武術などをしこまれました。

こうして数年修行を積み、ある程度の実力がつくと、いずれ主人と仰ぐ騎士に仕え、従騎士としての毎日がはじまります。従騎士は銀の拍車をつけることを許されました。従騎士の仕事は、給仕から着替えの手伝い、武具の手入れ、主人のお伴などにわたり、騎士に関する生活すべてについて学ぶことになります。

二十歳前後になると、やっと騎士叙任式を受けることができ、これで一人前の騎士になれるのです。叙任式の前夜は、城の中の礼拝堂で一晩中祈りを捧げます。翌朝の式では、まず剣を授けられ、次に銀の拍車が騎士を示す金の拍車に替えられます。そして、叙任者の騎士によって、剣または手で肩口を軽く一打ちされます（頸たたき）。

これで、騎士の資格を得たわけです。

二　騎士道

剣を授かり騎士となった者は、騎士としての品位やさまざまな徳を備えることを義務とされました。たとえば、勇気、忠誠心、礼節さ、自制心、信仰心、隣人愛などです。そして、弱い者、貧しい者、未亡人、子供、孤児に対しては、これを助け、守ります。騎士[*六]の剣は、か弱い貴婦人を守ったり、勇気をもって悪人を成敗するとき、主への忠義を貫くとき、弱い人々を救うとき、こうしたときのみ抜くことを許されていました。このような騎士としての生き方が〝騎士道〟なのです。

三　馬上試合

馬上試合とは、騎士たちが腕を磨くために行われた試合です。大勢の観衆の見守る中、騎士は武具に身を固め、馬を駆って、長槍で相手を突くのです。一騎討ちの場合もあれば、団体戦の場合もありました。騎士[*七]は自分が心を捧げている貴婦人から、なにか身につけているものを贈られ、それを身につけて武芸を披露し、その貴婦人から賞賛のまなざしを受けました。

高名な騎士はもちろんのこと、身分の低い騎士、無名の騎士たちが名をあげようと、地方からもぞくぞくと試合にやってきました。手柄をあげた騎士は、その栄誉をたたえられ、褒美を与えられました。

四　イギリスとフランス

ラーンスロットはフランスに領地をもっていました。英仏は、今日こそ海を境とした別の国ですが、かつては、イギリスは大陸のまさに一部としてありました。一一五四年、イギリスではノルマン朝が断絶し、ヘンリ一世の孫にあたるフランスのアンジュー伯アンリがヘンリ二世として即位します。これによってイギリス王家＝フランス西部を治めるフランス最大の領主ということになりました。そのためイギリスおよびフランスの貴族たちはイギリスとフランスの両国に領地をもつようになりました。また、一三三九年には、フランスのカペー王朝断絶後の王の位をめぐって、フランスのフィリップ六世とフランスに広大な領地をもつイギリスのエドワード三世（カペー王朝のフィリップ四世の娘の子）の間に争いが起こり一四五三年まで続きました。これが有名な百年戦争です。

＊一　毒殺された騎士のいとこ。この事件については百二十ページを参照。

＊二　アーサー王の補佐役であった予言者マーリンを霞の塔に閉じ込めたのも、このヴィヴィアンです。詳しくは九十六ページを参照。

＊三　この城の一帯は、ヴィヴィアンが魔法をかけていたため、普通の人間が外側から見ると湖のようにみ

えるのでした。ですから、ヴィヴィアンの城がここにあるとは誰も気がつきませんでした。

＊四　アーサー王の王国の首都で、ここにアーサー王の宮殿があります。

＊五　モルガン・ル・フェイ以外の三人は、北ウェールズの王妃、イーストランドの王妃、アイルズの王妃でした。

＊六　騎士の中の騎士といわれたラーンスロットですが、彼は誤って無防備のガヘリス卿、ガレス卿兄弟を斬ってしまい、これは弱者を守る騎士道精神から外れていることだ、とガウェイン卿に糾弾されます。

＊七　ラーンスロットは、兜にエレイン姫の赤い袖をつけたり、また王妃グィネヴィアの金色の袖をつけたりして、馬上試合でめざましい働きをしました。

中世騎士伝説の英雄──三

ガウェイン

Gawain

ガウェインは、円卓の騎士のリーダー的存在で、ラーンスロット卿と並んでアーサー王に最も信頼された騎士です。

ガウェインは、アーサー王の異父姉モルゴースと、オークニー国のロット王との間に生まれました。つまり、アーサー王にとっては甥にあたることになります。彼は賢明で、雄弁家であり、もちろん腕前も強く、勇気があり、アーサー王の懐刀でした。

アーサー王とガウェイン

アーサー王は甥でもあり、円卓の騎士のリーダーであるガウェインをとても大切にしていました。

たとえば、アーサー王はたびたび馬上試合を催しました。これに参加する王、諸侯、円卓の騎士たちは、二手に分かれ、それぞれ武術の腕を披露せんと、勇猛に戦いました。アーサー王は自ら試合に参加することもありましたが、観覧席でこれを観戦する際には、側にいるガウェインをなるべく試合にださないようにしていました。それは、ラーンスロット卿とガウェインがもし戦った場合には、ガウェインに分がないと考えたからなのです。アーサー王は、ガウェインの名誉を決して傷つけたくなかったわけです。

『ガウェイン卿と緑の騎士』

愛馬グリンゴレットにうちまたがり、五線星形[*一]が縫いとられた衣を身にまとい、肩には盾をつるしたガウェインは、今まさにその手に槍を携えると、グリンゴレットに拍車を当てて、緑の礼拝堂へと向かった。

ガウェインが緑の騎士との対決に出立する場面です。

これは『ガウェイン卿と緑の騎士』という物語の一節で、キャメロットでのクリスマスの宴に、緑の装束に身を包んだ騎士が現れたところから話ははじまります。

この緑の騎士は、アーサー王やそこに居並ぶ円卓の騎士たちに向かって、次のようにいい放ちました。

「もし、ここに勇気があると自負する者がいるならば、わが首をこの斧で一撃のもとに打ち落としてみるがよい。拙者ははむかうことなく打たれよう。ただし、王さまが、その者へのお返しの一撃を拙者にお与えくださるならばの話だが……。何たることぞ、これがあのアーサー王の居城なのか。武勇をほこる円卓の騎士の栄光は、いったいどこへいったのだ」

はじめアーサー王がこの挑戦に立ちあがろうとしましたが、ガウェインがこれを制し、自分が名乗りでます。ガウェインは騎士から斧を受けとると、一撃のもとに騎士の首をはねますが、騎士はよろめくこともなく自分の首を小脇にかけて、一年後に緑の礼拝堂で約束を果たさせてもらう、とガウェインにいい置いて去っていきます。

さて、その一年後が近づき、ガウェインはアーサー王の用意した金色に輝く武具に身を固めて、緑の礼拝堂を目指して旅立っていきます。緑の騎士との約束が三日後に迫ったとき、ガウェインは森の中の小高い丘に城を見つけます。そして、城主から緑の礼拝堂がすぐ近くであることを聞くのでした。城主は三日間、ここにとどまってもてなしを受けるようにと、ガウェインに勧め、ガウェインは城主の好意を受けることにします。城主はガウェインを厚くもてなしますが、一つだけ次のように約束をさせます。

「拙者は毎日森での狩りで得た獲物は、すべてあなたに差しあげよう。そのかわり、どうぞあなたも、その日得たものを私にお与えくださるように」

城主は、まだ朝早いうちから森へと狩りに出かけていきました。城主には美しい奥方がいました。奥方は主人の留守にガウェインを誘惑しようとします。しかし、ガウェインは丁重にこれをかわし、接吻だけを受けるのでした。その夜、城主は狩りから戻ると、その日に得た鹿をガウェインに与えました。これに対しガウェインは、城主に接吻を与えました。次の日も同様のことがありました。そして、三日目。奥方は緑の帯をもちだします。

「この緑の帯を締める者は、命を奪われることはないのです」

奥方のどんな誘惑にも耐えていたガウェインでしたが、その帯が身を守ってくれるという奥方の言葉に、ついには帯をもらってしまうのです。その夜、いつものように城主が獲物をガウェインに与えましたが、ガウェインは奥方から受けた接吻だけを城主に与え、帯のことを隠してしまいます。

翌日、いよいよガウェインは、腰に奥方からもらった緑の帯を巻き、緑の騎士の待つ礼拝堂へと向かいます。

緑の騎士は、約束どおりにガウェインに首を差しださせます。騎士が斧を振りあげたとき、ガウェインの肩が少しすくみました。そこで、騎士は打ちおろすことを止め、ガウェインをののしるのです。騎士は再度斧を振りあげましたが、今度はガウェインを傷つける一歩手前で斧を止めます。三度目、今度は斧は打ちおろされましたが、ガウェインはかすり傷を負っただけでした。騎士がわざと斧をはずしたのです。

そして、緑の騎士は自分がガウェインが泊まった城の主であり、自分が奥方に彼を誘惑させたことを告白します。二度の斧は、ガウェインが正直に奥方の接吻を城主に告げたことへの代償であり、かすり傷を負わせたのは緑の帯を隠したからだといいます。そして、去年からのこの企みは、妖妃モルガン・ル・フェイによるもので、円卓の騎士の力を試し、さらには王妃グィネヴィアを恐れさせて亡きものにしようとしたのだ、と告げるのでした。モルガン・ル・フェイは、かつてグィネヴィアの侍女として仕えていたことがありましたが、初恋の人との仲をグィネヴィアに引き裂かれたことがあり、それ以来グィネヴィアを恨んでいたのでした。

さて、ガウェインの誠実さに好意を抱いた緑の騎士は、ガウェインに再び城に戻り、もう一度もてなしを受けてくれるように勧めますが、ガウェインはこれを断りキャメロットへと戻ります。

ガウェインは、包み隠さずことの顚末をアーサー王や仲間の騎士たちに話し、命欲しさに城主との約束を破った自分を恥じ、恥のしるしとして緑の帯を常に身につけることを誓いますが、アーサー王はこれを慰め、ガウェインと同じ緑の帯を円卓の騎士すべてにつけさせ、栄光のしるしとしました。

以上が『ガウェイン卿と緑の騎士』のあらすじです。

『ガウェイン卿と緑の騎士』は詩の形態をした美しい物語で、ここにはガウェインの勇気と誠実さが絵巻物を見るような華麗さで語られています。

ところで、『ガウェイン卿と緑の騎士』では、ガウェインは、礼儀正しく、誠実な、すべての美徳を兼ね備えた騎士として語られていますが、好色家で、復讐心が強く、野蛮な性格であるとされている話もあります。

騎士道の太陽

ガウェインは、太陽と関係があるともいわれています。太陽は日の出から正午にかけて輝きを増し、午後はかげっていきます。ガウェインの力も、これと同じでした。ガウェインは、午前九時から正午までの三時間は、彼本来の力の三倍の力を発揮できますが、正午を過ぎると本来の力に戻ってしまうという特質をもっていました。

この彼の特質を知っていたのは、アーサー王ただ一人でした。アーサー王はガウェインのために、馬上試合などの数々の試合を午前中に執り行ったともいわれています。

最後の戦いでのラーンスロット卿との一騎討ちでは、ラーンスロット卿はガウェインのこの特質を見抜き、ガウェインの力が三倍になる時刻には身をかわしながら、自分の力をセーブしておき、いざガウェインの力がもとに戻るや、反撃に転じ、ガウェインに傷を負わせることができました。

ガウェインと女性

ガウェインと女性に関する物語を見てみましょう。『ガウェイン卿と緑の騎士』では城主の奥方の誘惑に立派にうちかったガウェインでしたが、これとはまったく逆に美しい女性に見とれて失敗をした話があります。

ガウェインが晩餐に招かれたときのことです。一羽の白い鳩がくちばしに金の香炉をくわえて、窓から入ってきました。その香炉からは、この世のものとは思えないような、芳しい香りが漂ってきて、みるみるうちに部屋中にひろがりました。すると、そこへ大きく見事な杯を手にした美しい乙女が入ってきました。この杯こそ、〝聖杯〟[*二]でした。しかし、ガウェインは乙女に見とれたために、この聖杯を見落としてしまいます。乙女が部屋から出ていくと、晩餐の食器にはごちそうがならんでいましたが、ガウェインの皿だけはなにものせられていませんでした。ガウェインは乙女の色香に見ほれたことを町の人々にあざけられ、町を追い出された、ということです。

ここにあるガウェインは、『ガウェイン卿と緑の騎士』のきぜんとしたガウェインとは、まるで別人のようです。

ガウェインの結婚

ガウェインの女性にまつわる話で、さっきの話とは反対にガウェインの良い面を表している話を一つ紹介しておきましょう。ガウェインの結婚譚です。

ガウェインは、なりゆき[*三]から、ある醜い老婆と結婚するはめになってしまいました。しかし、いざ婚礼の式を終えてみると、その老婆は美しい娘に変わっていました。この娘は、魔法使いによって呪いをかけられていたのです。その呪いは、若く優れた騎士と結婚することによって解かれることになっていたのでした。しかし、実はまだ半分しか呪いは解けていませんでした。娘はガウェインに問いかけます。

「私は、夜になるとまた醜い老婆に戻ってしまうのです。あなたは私が昼間の間もとの姿に戻っている方がいいですか。それとも夜の間もとの姿でいた方がいいですか」

この娘の問いに、ガウェインは「私だけがあなたを見ていられる夜に、このように美しくあってほしい」と答えます。しかし、娘は昼の間、ほかの騎士や貴婦人たちとともにいるときにこそ美しい姿でいたい、というのでした。ガウェインは娘の希望どおりにするようにと娘に答えました。

すると、娘は喜びにあふれながら、

「あなたの今の優しいお言葉で、すべての呪いは解かれました。これでもう私は昼も夜もこのままの姿でいられます」

とガウェインに告げるのでした。

これは、ガウェインの寛大さと優しさを示している話です。

ガウェインの復讐心

さて、ガウェインは、サー・トーマス・マロリー著『アーサー王の死』の後半のランスロット卿への態度から、復讐心が強いとされることもあります。

ガウェインは、弟アグラヴェイン卿やモルドレッド卿のランスロット卿を陥れようとする企てを、なんとか止めようと説得していましたが、弟ガヘリス卿とガレス卿がランスロット卿に斬り殺されたと聞くや、自分がランスロット卿を殺すか、相手が自分を殺すかするまでは、七つの王国をかけめぐってもランスロット卿を追い求め、戦い続けると誓います。

このガウェインの復讐心が、もしかしたらランスロット卿を許し和解できたであろうアーサー王を、ずるずると悲惨な死まで引きずっていくのです。

しかし、この復讐心は、裏返せば弟ガヘリス卿、ガレス卿への愛情の深さからとも考えられます。また、単なる復讐心ではなく、どんな場合にも筋目を通すという性格によるものとも思えます。

ガウェインは、ラーンスロット卿を陥れようとした弟アグラヴェイン卿がラーンスロット卿に殺されても、弟には、そのような悪事を行ったらどうなるか注意したのに、それを聞かなかったために起きたことであるとして、仇を討つ気はないとアーサー王に告げていました。しかし、ガヘリス卿、ガレス卿の場合は、彼ら二人がラーンスロット卿をあんなに慕っていたにもかかわらず、ラーンスロット卿が一刀のもとに斬り捨てたので、なんとしても許しがたかったのです。

こうして、どうしても許すことができなかったラーンスロット卿と戦って、ガウェインは傷を受け、それがもとで死ぬことになります。

しかし、最後には自分の短気と強情を悔い、ラーンスロット卿に、愛するアーサー王のために、国に戻って戦ってくれるようにと手紙を書き、息絶えるのでした。

ガウェイン・ガイド

一　首斬り

『ガウェイン卿と緑の騎士』では、緑の騎士とガウェインが互いの首を斬り落としあいますが、このゲームは、ケルト伝承からきたものであるといわれています。

首斬りゲームのでてくる話で有名なものに、アイルランドの『ブリクリウの宴』があります。これはケルト神話の英雄ク・ホリン*四が主人公の話です。ガウェインの場合と同じように、ク・ホリンがまず巨人の首を斬り、次に巨人がク・ホリンの首を斬ろうとしましたが、ク・ホリンの勇気と潔さに対して斧をゆっくりと、しかも切れない方の刃を下にして振りおろしたということです。

二　騎士の服装

中世の騎士たちは、いったいどんな格好で戦いに臨んだのでしょうか。時代によって違いがでてきますが、アーサー王や円卓の騎士たちは、おおよそ次のような格好をしていたと想像されます。

◆鎖帷子［Chain Mail］

全身を覆うように着用しているのは鎖帷子です。これは、鎧にあたります。鎖帷子はワイヤーを輪にして、これを一つひとつ組みあわせたもので、体を動かす際も不自由を感じないように柔軟性に富んでいました。鎖帷子は、槍などで突かれた場合に防ぐことができないため、下に綿を詰めたチョッキのようなもの（Gambeson）を着て防御しました。しかし、後には鎖帷子はすたれて、鉄板の鎧が普及するようになります。図の騎士は、頭巾、手袋、足当てなども鎖帷子でそろえて、甲冑すべてを鎖帷子にしています。

◆上羽織［Surcoat］

鎖帷子の上に着ている長いコートは、上羽織です。これは単に装飾のためのものというわけではなく、鎖帷子を雨や泥から守ったり、鎖帷子が熱するのを防ぐ働きがありました。また、胸には紋章をつけ、その騎士が誰であるか一目で識別できるようにしました。なお、時代が下ると上羽織の丈は短くなりました。

三　紋章

紋章は、個人や家柄を表すマークです。騎士の上羽織、楯、馬にきせた馬衣、旗などにつけます。

『ガウェイン卿と緑の騎士』で、ガウェインがキャメロットを旅立つときに用意された楯と上羽織には、五線星形の紋章がついていました。この紋章は五芒星章といい、神秘的な力があるとされる紋章で、魔除けに用いられました。

＊一　百四十三ページを参照。

＊二　百六十四ページを参照。

＊三　あるとき、アーサー王は、恋人と領地を奪われた女性を助けるために、その犯人である騎士の城へいき対決しますが、魔法で捕らえられてしまいます。しかし、アーサー王は年内にここへ戻ってきて騎士の「すべての女性が最も望むものはなにか」という問いに答えるという約束で解放されます。その答えがどうしてもわからなかったアーサー王は、ゆきずりの醜い老婆から「自分の意志をもつこと」という答えを得ます。こうして騎士の城へ戻り約束を果たすのですが、老婆は答えを教えた礼に、美しく礼儀正しい男性を夫にすることを望みます。アーサー王はこのことをガウェイン卿に相

談し、ガウェイン卿は、自分がその老婆の夫になると申し出たのでした。

＊四　三十四ページの「ク・ホリン」のページを参照。

中世騎士伝説の英雄——四

パーシヴァル

Parcivale

パーシヴァルは、円卓の騎士の一人で、〝パーシヴァル〟といえば、すぐ〝聖杯の探求〟といわれるように、聖杯探求の冒険譚で知られる騎士です。

パーシヴァルの生い立ち

パーシヴァルの生い立ちには、いろいろな説があります。

サー・トーマス・マロリーの『アーサー王の死』では、ペリノア王の息子となっています。

ペリノア王は、アーサー王と戦ってアーサー王を殺しそうになり、マーリンに魔法で眠らされてしまいます。しかし、彼は後にアーサー王に仕えることになります。ペリノア王にはパーシヴァルのほかに、四人の息子がいましたが、皆アーサー王の騎士となりました。

また、パーシヴァルは、聖杯をヨーロッパにもたらしたアリマタヤのヨセフ[*一]の血を受け継いでいるとされることもあります。その場合には、この血のためにパーシヴァル[*二]こそ聖杯を見つけ出すことのできる運命の騎士とされています。

パーシヴァル騎士になる

パーシヴァルの父と兄たちは、戦や試合ですでにこの世を去っていました。そこで母は、残ったパーシヴァルを決して騎士にはしたくないと、世を捨てて、森の中で二人きりで暮らしはじめました。パーシヴァルは、武術について、また騎士道についてなにひとつ知ることなく成長しました。彼が母から与えられ、操ることのできた唯一の武器は、森での狩りに使う槍だけでした。

ある日、パーシヴァルは森で五人の騎士に出会います。パーシヴァルはこれが騎士というものだと知り、自分も騎士になろうと決心するのでした。パーシヴァルの決意にやむなく騎士になることを認めた母は、彼がペリノア王の息子であることを告げ、アーサー王の宮廷へいって騎士の列に加えてもらうようにと話すのでした。

宮廷を訪れたパーシヴァルは、その粗末な身なりからケイ卿（アーサー王の義兄）に嘲笑されました。そこへ、一人の侍女が入ってきます。彼女は、騎士道の華と呼ばれる騎士があらわれるまで決して笑わないといわれていました。

彼女は次のようにパーシヴァルにいうのでした。

「もし、長生きされれば、あなたは騎士道の華におなりになりましょう」

これを怒ったケイ卿がその侍女の耳をなぐったために、侍女は気を失い倒れてしまいます。パーシヴァルは、ケイ卿と勝負できるようになるまでは、宮廷へはこないと誓っていきます。

宮廷を飛びだしてから、パーシヴァルは長い旅を続けていました。少年だったパーシヴァルも今やりっぱな青年に成長していました。あるときパーシヴァルを、アーサー王の一行がみつけます。アーサー王は、パーシヴァルが何者であるのか、ケイ卿に尋ねさせました。そのときパーシヴァルは目の前の美しい風景を見て、物思いにふけっていたために、ケイ卿の問いかけに答えませんでした。ケイ卿は、自分の問いかけに返事をしないパーシヴァルを無礼に思い、悪口雑言をあびせかけました。これに対してパーシヴァルは、槍でケイ卿を打ち落として、肩と腕を骨折させました。

これを見ていた〝黄金の舌のガウェイン〟と呼ばれていたガウェイン卿[*三]は、礼儀正しく、かつ言葉静かにパーシヴァルに何者かをただしました。互いに名乗りあったパーシヴァルとガウェイン卿は、堅い友情を誓い、さっき倒した騎士がケイ卿と知ったパーシヴァルは、アーサー王やほかの騎士とともに宮廷にいき、円卓の騎士として仕えたのでした。

聖杯探求の旅

ある年、円卓の騎士たちは、十字架にかけられたイエスの血を受けた聖杯を求めて、冒[*四]険の旅に出ます。

パーシヴァルも聖杯探求の旅に出た一人でした。円卓の騎士のうちで、聖杯の探求に成功したのは、パーシヴァル、ギャラハッド卿、ボールス卿の三人で、彼らは聖杯を発見して、聖杯城のあるサラス市へいき、一年間生活しました。しかし、ギャラハッド卿は死に、親友の死に遭遇したパーシヴァルは、悲しみにくれて僧となり、隠遁生活に入ってしまいます。そして、パーシヴァルも、それから一年二ヵ月後に悲しみのために死んでしまいます。

ボールス卿は、ただ一人生きてキャメロットへ戻り、聖杯探求の旅とパーシヴァル、ギャラハッド卿の話を伝えたのでした。

白い楯の騎士ギャラハッドとの出会い

さて、パーシヴァルは聖杯探求の旅で、いろいろな事件に出遭います。どんな危険に陥っても、彼の実力というよりは、幸運によって脱しています。彼が幸運に恵まれているようすは、まるで常に神が聖杯探求者を守っているかのようです。

キャメロットを出立して、その日の昼近くなったとき、二十人の騎士が突然襲いかかってきました。パーシヴァルが馬を倒され、今まさに危ないというときに、いずこからともなく赤い十字の紋章の白い楯を持った騎士が現れて、パーシヴァルを助けます。二十人の騎士は一人として傷をうけないものはなく、ついには森へと逃げだしていきました。白い楯の騎士は、彼らを追って駆け去っていってしまいます。

この白い楯の騎士は、円卓の騎士の一人[*五]ギャラハッド卿でした。パーシヴァルはすぐにそれに気がつきましたが、自分の馬が倒されどうにもならず、二十人の騎士とギャラハッド卿を見送るしかありませんでした。

悪魔に二度誘われる

二十人の騎士に襲われて馬を失ったパーシヴァルは、途方にくれていました。

そして、意気消沈しているうちに夜中まで眠ってしまい、目を覚ますとそこに美しい婦人が立っていました。

「私の望むときに私の願いをかなえてくださるならば、私の馬をお貸し致しましょう」

パーシヴァルは喜んで、どんな願いでもかなえようと約束してしまいます。すると、婦人はどこかから美しい馬具をつけた漆黒の馬を連れてきました。

パーシヴァルが馬に飛び乗り、拍車を一蹴りすると、馬は勢いよく走りだし、一時間ばかりのうちに四日間分もの距離を進みました。そして、ある激流へ出ました。馬はそのまま流れに入っていこうとします。パーシヴァルは一瞬臆し、思わず十字を切りました。すると、馬はパーシヴァルを振り落として、いななきながら激流の中へ飛び込んでいきました。

パーシヴァルは、自分が悪魔に導かれて、もう少しで命を落とすところだったことに気がつきました。そこで、パーシヴァルは夜を徹して祈りを捧げました。

これが一度目の悪魔の誘惑でした。

朝になると、いつのまにかあたりの様子が変わり、パーシヴァルは自分が海に近い荒れ地にいることを知りました。海の彼方を眺めると、絹で覆われた一艘の船がこちらへ向かってくるのが見えます。船には、この上なく美しい婦人が乗っていました。婦人は船から降りると、次のようにいいました。

「私はよい家柄に生まれましたが、他人に財産を奪われてしまいました。お見受けしたところ、あなたさまは立派な騎士と存じます。どうか私に力をお貸しください」

パーシヴァルは、快く婦人の願いを聞き入れました。婦人は、パーシヴァルに天幕に入るように勧め、パーシヴァルの武具をはずさせ、彼を誘惑しました。

パーシヴァルは、この婦人にすっかり心を奪われてしまいます。それをみてとると、婦人は次のようにいいました。

「パーシヴァルさま、私の僕《しもべ》となって、私の申すことをすべてかなえると誓ってくださいますか」

「もちろんです。一命にかけて誓います」

そのとき、パーシヴァルの剣が、鞘を抜けてするりと地面にすべり落ちました。剣の柄先には、赤い十字と十字架に張りつけになったキリストの像がついていました。これを目にしたパーシヴァルは、おもわず十字を切りました。すると、みるみるうちに、今まで座っていた天幕は消え、一筋の煙となって空に消えていったのです。婦人は恐ろしい叫び声をあげて、船に逃げ乗り、船は遠ざかっていきました。船の去った後は、水は逆巻き、波は焔となって燃えあがりました。パーシヴァルは、地面にひれ伏し、神に祈り続けました。

聖杯の発見

一晩中祈り続けたパーシヴァルは夜が明け、自分がいつのまにか見知らぬ海岸にいることに気がつきます。

そこへ、聖杯の探求を続けていたボールス卿が、神の声に導かれやってきました。そして、さらにそこへギャラハッド卿がパーシヴァルの妹である婦人に導かれてやってきます。三人はたがいに再会を喜びあうのでした。船は沖へと進んでいき、何日かすると、大きな渦潮のところへ出ました。そこから先へ進むことができずにいると、近くに一艘の船があります。四人はその船に乗り移りました。すると、船には銀の卓があり、その上には紅い布に包まれた聖杯が置かれていたのです。一同は聖杯の前にひれ伏しました。

聖杯城で暮らす

四人が聖杯を積んでいる船に乗ると、間もなく風が吹き起こりました。風は、船と彼らを海の向こうのサラス市へと運んでいきました。

サラス市では王が死んで新しい王を決めるために人々が集まっていました。すると、人々に向かって天から声が響き、「今この地に着いた騎士のうち、一番年下の者を王に選べ」とお告げがありました。天の声が示したのはギャラハッド卿でした。こうしてギャラハッド卿はサラス市の王となり、ギャラハッド卿、パーシヴァル、ボールス卿の三人とパーシヴァルの妹は、サラス市の城（聖杯城）にとどまり、毎日聖杯へ祈りを捧げて暮らしていました。

[*六]一年余が過ぎたある日、ギャラハッド卿は神の導きにより、天に召されていきました。友を失ったパーシヴァルとボールス卿の嘆きは、言葉に表せないほどでした。悲しみのあまり、パーシヴァルは城外に庵を結び、僧となってしまいました。ボールス卿もその庵で暮らしましたが、彼はいつかはキャメロットへ戻るつもりでいたので僧にはなりませんでした。

こうして、一年と二ヵ月が過ぎました。パーシヴァルの妹はすでに亡く、パーシヴァルもこの世を去りました。ボールス卿は二人をギャラハッド卿の墓の側に葬り、サラス市を後にし、キャメロットへと向かいました。

パーシヴァル・ガイド

一　ワーグナーの『パルジファル』

ワーグナーの歌劇『パルジファル』は、パーシヴァルの伝説を下敷にして作られた物語です。主人公パルジファルの生い立ちは伝説からそのままとっていますが、個性の強い登場人物や話の展開は、パーシヴァル伝説よりもドラマチックなものになっています。

◆あらすじ

聖杯城モンサルヴァートの王子アンフォルタスは、魔法使いのクリングゾールの計略にかかり聖[*七]なる槍で傷つけられ、その槍を盗まれてしまいます。この傷は、「清らかな愚か者」だけが治せるのでした。その「清らかな愚か者」である騎士がパルジファルでした。母とともに森に住んでいたパルジファルは、やがて聖杯の騎士として目覚めます。美女クンドリーの誘惑にも勝ち、魔法使いのクリングゾールを倒したパルジファルは、聖なる楯を聖杯のある聖杯城へ持ち帰り、アンフォルタスの傷をいやして彼を救い、聖杯城の王となるのでした。

*一　エルサレムの議員であり、地位の高い有力者で、神の国の到来を望んでいる者でした。彼は、十字架に架けられ殺されたイエスの亡骸をひきとり墓に葬りました。彼がイエスの血を受けた杯は聖杯と呼ばれ、彼はこの杯とイエスを刺した槍を持って諸国を旅します。

*二　マロリーの本では、この役目がギャラハッドに与えられています。

*三　ガウェイン卿は、広い知識をもち、話上手で、客のもてなしなどが得意でした。

*四　百五十四ページのパーシヴァル・ガイドを参照。

*五　ギャラハッド卿については、百五十六ページの「ギャラハッド」のページを参照。

*六　詳しくはギャラハッド卿のページでお話します。

*七　この槍は、十字架に架けられたイエスの脇腹を刺した槍で、アリマタヤのヨセフは聖杯とともにこの槍を持って諸国を旅しました。

中世騎士伝説の英雄――五

ギャラハッド

Galahad

ギャラハッドは、円卓の騎士の一人で、最も純潔な騎士とされています。

ギャラハッドの父親は、ラーンスロット卿でした。ギャラハッドの容姿は父親のラーンスロット卿に似て美しく、立派で、そのうえ非常に徳の高い騎士でした。もちろんラーンスロット卿にも匹敵するくらい勇敢で強い騎士でした。また、その優雅でつつしみ深いようすは、まるで鳩のようであった、ともいわれています。はじめてギャラハッドに会ったアーサー王は、

「神よ、美しさゆえに彼の善良さが損なわれることがありませんように」

といっています。

ギャラハッドは、円卓の騎士として聖杯探求の旅に出て、パーシヴァル卿とボールス卿とともに聖杯を発見します。そして、彼らは聖杯とともにサラス市に着きます。最も純潔で徳が高かったギャラハッドは、神の声によりサラス市の王となり、三人は聖杯城で聖杯を守って暮らします。しかし、ギャラハッドは、あるとき神の導きと自らの希望により天に召されます。このとき、再び聖杯は地上から消えてしまったということです。

●ラーンスロットとギャラハッドの系譜

ギャラハッドの生い立ち

母親は、ペレス王の娘のエレイン姫でした。

ラーンスロット卿が冒険の旅の途中でペレス王の城に滞在したとき、ペレス王は娘のエレイン姫とラーンスロット卿をなんとか結びつけたいと考えました。なぜなら、ペレス王はアリマタヤのヨセフの血を引いた者で、エレイン姫がラーンスロット卿（彼もアリマタヤのヨセフの血を引いていました）と結ばれれば、生まれた子はギャラハッドという名前の立派な騎士になると知っていたからでした。そして、ペレス王は、その子がやがて聖杯を手に入れることまで知っていました。

しかし、ラーンスロット卿の心は、アーサー王の妃グィネヴィアのことで一杯でした。そこで、ペレス王はブリーセンという女の魔法使いの手を借りて、ラーンスロット卿に薬入りのぶどう酒を飲ませ、ラーンスロット卿がエレイン姫を王妃グィネヴィアと思いこむように謀ります。こうして、ラーンスロット卿とエレイン姫は結ばれ、姫はギャラハッドを身ごもります。翌朝、ラーンスロット卿は本当のことを知りますが、姫を許し旅立っていきました。

ギャラハッドは、生まれながらにして聖杯を手に入れる役割を与えられていました。それは、彼の両親、つまりラーンスロット卿とエレイン姫が、ともにアリマタヤのヨセフの子孫にあたるためです。

ギャラハッドは、エレイン姫のもとで育てられ、尼僧院[二]で立派な騎士となるための訓練を受けます。こうして、ギャラハッドは成長すると、ある隠者の手にゆだねられて、アーサー王のもとへやってきます。

危険な席

さて、キャメロットの円卓の椅子には、一つひとつに、そこに座るべき騎士の名前が刻まれていました。ところが、一つだけなにも書かれていない椅子がありました。これは〝危険な席〟といって、これにふさわしい騎士のために常に空けられていたのでした。もし、その騎士以外の者が座れば、たちまちその者は命を失ったのです。

いったい誰がその席にふさわしい騎士なのか、誰も知りませんでした。しかし、ある年の聖霊降臨祭の日に隠者が現れて、次のように予言しました。

「その者はいまだ生まれてはおらぬ。その者は今年生まれるであろう。そして、その者は聖杯の探求に成功するであろう」

この者こそが、ギャラハッドでした。

月日がたって、再び聖霊降臨祭の日。

円卓の騎士たちが聖杯探求の旅に立つ誓いをたてて祈るところへ、一人の隠者が若い騎士を連れて現れました。この若い騎士がギャラハッドでした。隠者が彼を〝危険な席〟に連れていき、椅子の覆いをどけると、なにも刻まれていなかった椅子には、ギャラハッドの名が刻まれていました。

こうして、ギャラハッドは円卓の騎士となり、彼を加えた円卓の騎士たちは、聖杯探求の旅に出かけたのでした。

白い楯

聖杯探求の旅で、[*三]ギャラハッドは白地に赤い十字のついた楯をもち、パーシヴァル卿を救います。この楯は、聖杯の騎士がもつべきもので、次のようにしてギャラハッドのものとなりました。

聖杯探求の旅に出て四日目のこと、ギャラハッドは白い僧院に着きました。そこには先にある国の王が家来の騎士と滞在していました。その王は、ここには一つの楯があって、その楯はふさわしい者がもたないと災難に遭う、というのでした。

この楯は雪のように白く輝き、中央には赤い十字が浮き出ていました。その楯こそ、アリマタヤのヨセフの楯だったのです。

翌朝、王は、この楯を持って旅立っていきました。しかし、僧院から一、二マイルほどいくと、白装束の騎士が現れて、彼に襲いかかりました。王は深手を負い、逃げ、白い楯は王の家来によって再び僧院に戻されました。

翌朝、今度はギャラハッドが白い楯を持ち、僧院を出ていきました。今度も白装束の騎士が現れました。ギャラハッドと騎士は、互いに礼儀正しく挨拶をかわしました。

「この楯は、あのアリマタヤのヨセフのものです。彼は臨終の際にこういわれました。『わが血統の最後のもの、ギャラハッドが現れてこの楯をとるときまで、この楯を身につけるものには災いが起きよう』と」

白い騎士はこういうと、すーっと姿を消してしまいました。こうして、白い楯はギャラハッドのものとなりました。

ギャラハッドの昇天

ギャラハッドはボールス卿、パーシヴァル卿と再会し、船でサラス市に運ばれます。船には聖杯が置かれていました。サラス市では王が没し、新たな王を誰にしたらいいのか評議の最中でした。そのとき、天から声が響きました。

「市に到着した三人の騎士のうち、最も年若い者を王にせよ」

すべての市民はこの声に賛成し、ギャラハッドは聖杯の都サラス市の王になりました。

サラス市の王となって一年と二ヵ月が過ぎました。その日もギャラハッドは、パーシヴァル卿とボールス卿とともに、いつもと同じように聖杯に祈りを捧げようと、聖杯の安置されている部屋にやってきました。すると、すでに祈りを捧げている者がいます。その者のまわりをたくさんの天使がとりかこんでいました。それはアリマタヤのヨセフでした。アリマタヤのヨセフはギャラハッドに、

「わしは主の仰せを受けて、おまえを迎えにきたのだ」

と告げるのでした。

ギャラハッドは「私はみ心のままに、主のおそばへまいりたいと思います」と答えて、パーシヴァル卿、ボールス卿に接吻し別れを告げました。それが済むと、彼は一心に祈り

はじめました。そうしているうちに、ギャラハッドの体から霊魂が離れて、天使たちに運ばれながら天に昇っていきました。それと同時に、天から手が降りてきて、聖杯をつかむと、そのまま天に昇っていきました。こうして、気高く純潔の騎士ギャラハッドは天に召され、聖杯もこの世から消えたのです。

ギャラハッド・ガイド

一　聖杯の探求のはじまり

聖杯とは最後の晩餐で使われた酒杯で、アリマタヤのヨセフが十字架に架けられたイエスの傷から流れる血を受けた大杯のことだといわれています。また、形は杯ではなくて、石の皿だという話もあるようです。

その後、聖杯はヨーロッパに渡り、そして海を越えイングランドにもたらされたといわれています。聖杯にとどまった国には天の祝福があるとされていました。聖杯によって、イングランドは幸福な時代が続きます。しかし、あるとき、聖杯はイングランドの人々の前から消えさって、この国の幸せな時代は終わりを告げました。

聖杯が消えてから長い時代が過ぎ、アーサー王の時代に移ります。聖霊降臨祭の日。キャメロットの円卓にはアーサー王をはじめ円卓の騎士たちがそろっていました。そのとき、突然、雷鳴がとどろき、広間に心地よい香気が漂いだしました。そして、白い絹に包まれた聖杯が、静かに広間を通り過ぎていったのです。聖杯を捧げもっている者の姿は誰にも見えませんでした。アーサー王は、神が我らに聖杯を見せたもうたことを感謝しよう、といい、ガウェイン卿は、今日から一年の間に我々は聖杯探求の旅に出て、きっと聖杯を探しだすとアーサー王に誓いました。ほかの騎士たちも、ガウェイン卿に従って誓いをたてます。

こうして、円卓の騎士たちの聖杯探求の旅がはじまったのです。

＊一　百五十五ページの脚注＊一を参照。

＊二　ラーンスロット卿やパーシヴァル卿も女手だけで育てられました。このような女性の手で育てられたり、知識や戦術を教え込まれたりする習わしは、ケルトの伝説の中によく見られます。ケルトの英雄ク・ホリンも影の国の女戦士スカサハに戦術を学びます。ク・ホリンについては三十四ページを参照。

＊三　この話については百四十九ページを参照してください。

中世叙事詩の英雄

ローラン

Roland

ローランは、ヨーロッパ中世最大の叙事詩『ローランの歌』[*一]に登場する悲劇的な英雄です。

ローランは、フランク王国[*二]の王シャルルマーニュの甥で、辺境ブルターニュの総督で、辺境伯[*三]と呼ばれました。そして、彼[*四]はシャルルマーニュの最も信頼した武将で、武勲の誉れ高く、潔い騎士でした。

勇者ローラン伯は、シャルルマーニュがイスパニヤ（現スペイン）に侵攻した際、義父のガヌロンの悪巧みによって、イスパニヤからフランスへ抜けるピレネー山脈のロンスヴォーという山峡で、たった二万の軍勢を率いてイスパニヤの四十万の大軍と交戦することになり、壮絶な最期を遂げます。このときのことを歌ったのが『ローランの歌』です。

戦いの始まり

シャルルマーニュはイスパニヤに侵攻し、七年間[*五]イスパニヤの諸領地を攻略してきました。ここに至って、イスパニヤの王マルシルは、なんとか国を救う方法はないかと家臣に意見を求めます。家臣の内でも知略にすぐれたブランカンドランという騎士が次のように進言しました。

「シャルルのもとに使者を遣わし、国へ戻ることを促し、その引き換えに数々の貢ぎ物と人質を与えましょう。たとえそれが私の子であろうと、お国のためとあらば、喜んでお役に立たせましょう。そして、王様はキリスト教に帰依し、シャルルの家臣となることをお誓いください。シャルルが国に戻ったら、しめたものです。そのままほおっておけばよいのです。もちろんキリスト教への帰依などなさる必要はありません。人質は殺されましょう。しかし、イスパニヤは残るのです」

マルシルは、さっそく使者をシャルルマーニュのもとへ派遣します。

一方マルシルからの和睦の使者を迎えたフランク王国軍側では、これにどう対処するか、シャルルマーニュを囲んで重臣たちが評議をかさねます。ここでイスパニヤ側の計略にのるなと進言するのが、勇者ローランです。これに対してローランの義父ガヌロンは、和睦を受け入れようと進言します。

シャルルマーニュは多くの家臣の意見を受け入れ、和睦することに決定します。次には、その使者に誰をだすかという話し合いになりました。使者は生きて帰れるという保証がありません。シャルルマーニュは、頼みにしているローランをはじめとする十二勇士を使者に指名することは決してならぬ、といい放ちます。ローランは義父ガヌロンを賢者とみこんで推薦します。シャルルマーニュはガヌロンを使者に任命しますが、ローランを逆恨みしたガヌロンは「生ある限りローランを恨む」と言葉を残し、陣をたっていきました。

途中ガヌロンは、イスパニヤの使者ブランカンドランに悪巧みをもちかけます。互いの敵は憎きローラン。ローランさえ亡きものにすれば……。ガヌロンはブランカンドランとともにマルシルのもとへと進みます。

ガヌロンの悪巧みはこうでした。

「まずシャルルに貢ぎ物を贈り、人質も二十人お送りください。そうすればシャルルは国へと軍勢を帰しましょう。そのとき、必ずしんがりを残すはずです。ここには王の甥ローランともう一人の勇士オリヴィエが必ずや入りましょう。この二人さえ討てばシャルルは再攻撃してくる意志をなくすでしょう」

マルシルはガヌロンの言葉を聞き入れ、彼に財宝を与え、きっとしんがりにローランが入るように謀ってくれと頼むのでした。

ガヌロンはシャルルのもとへと帰り、イスパニヤ王マルシルと和睦が成立したことを伝えます。シャルルはしんがりを残してイスパニヤを去ることにします。さて、そのしんがりに誰を残すかとシャルルが問うたとき、すかさずガヌロンはローランを推挙するのでした。いったん推挙されれば、騎士道の作法に従いローランが必ずこれを受けると知っていたからです。もちろんローランは「ありがたい幸せ。我が王様には決してご損害はかけませぬ。駄馬、荷馬にいたるまで、このローランが剣にかけてお守り申す」といってこれを引き受けます。

ローランがしんがりを率いるとなると、戦友オリヴィエ伯はじめ、チュルパン大僧正ら十二勇士が次々にローランのもとに馳せ参じたのでした。シャルルマーニュは彼らに二万の兵を与えますが、心は重く、涙にくれながら国への帰路につくのでした。

このときすでに敵のイスパニャ軍は四十万の兵を集め、フランク王国軍のしんがりに近づきつつあったのでした。

シャルルマーニュの十二勇士

シャルルマーニュの側近の中には、彼を護る特別な戦士たちがいました。彼らを〝シャルルマーニュのパラディン〟[*六]または〝シャルルマーニュの十二勇士〟といいます。この十二勇士はシャルルマーニュが最も信頼をおいた人々で、ローランはその中でもとくに信頼のあつかった戦士でした。

十二勇士にはローラン、ローランの戦友オリヴィエ、チュルパン大僧正をはじめ次の面々がいます。

一．ローラン
二．オリヴィエ
三．チュルパン
四．ジュラン
五．ジュリエ
六．サムソン
七．アンジュリエ
八．オートン
九．ベランジェ
十．アンセイス
十一．イヴォリー
十二．イヴォン
十三．ジラール
十四．ゴーチェ

おや、これでは十二勇士ではなく、十四勇士になってしまいますね。実は〝シャルルマーニュのパラディン〟というのは常に十二人と決まっていたのではなくメンバーも人数もときによって違っていたそうです。ロンスヴォーの戦いで彼らは全滅しますが、『ローランの歌』に出てくるフランス側の勇士たちの名前をひろうと前記[*七]の十四人になります。では、次にこれらの勇士のうちの主要な三人について詳しくご紹介しましょう。

■ローラン

まず最初は、もちろんしんがりの大将となったローラン伯。彼はシャルルマーニュの妹の子で、甥にあたります。この妹がガヌロンの後妻となったので、ローランはガヌロンの義理の息子にあたります。ローランは、辺境ブリタニアの総督に任命されていたため、辺境伯ローランと呼ばれました。

勇者ローランは、右手に名剣デュランダル、左手には角笛オリファンをもち、純金の鎧の愛馬ヴェイヤンチーフにまたがって戦います。この名剣デュランダルは、かつてシャルルマーニュのもとに天使が降りてきて、総大将に与えよと遣わした剣です。シャルルマーニュはこれをローランに与え、ローランはこの剣で数々の国を攻略し、シャルルマーニュに尽くしました。

■オリヴィエ

ローランの親友で、ローランにひけをとらない剛者です。剛のローラン、智のオリヴィエといわれるように、智将としても有名です。ローランとともにロンスヴォーで戦死します。オリヴィエの剣も、ローランのデュランダル同様に名剣で、その名をオートクレールといいます。オートクレールは、鍔は純金、柄には水晶がはめ込まれていました。

■チュルパン大僧正

十二勇士の中でローランとともに最後まで戦いぬいた歴戦の勇士です。大僧正のまたがる軍馬は、その昔デンマークの王から奪いとった天下無双の名馬で、彼を乗せて戦場を飛ぶ鳥のごとくに疾駆したといわれています。

僧侶である彼は、戦いに向かうフランク王国軍二万の戦士たちに説教をし、祝福を与えました。戦士たちは皆、馬を降り大地にひれ伏し、大僧正の言葉を受け、その言葉にこれまでの罪障がすべて消えた思いがし、すがすがしく出陣していったのでした。

以上の三人以外の勇士たちも、ロンスヴォーの戦いでは華々しく戦い、そして散っていきました。

ロンスヴォーの戦い

さて、シャルルマーニュの一隊が祖国へ向けて出発すると、すぐ間近にイスパニヤ十万の大軍が迫っていました。その大軍を見て、オリヴィエはローランに角笛オリファンを吹いてシャルルマーニュにこの危機を知らせ、救援を仰ぐようにいいます。しかし、ローランは、それでは我がために一門が辱めを受けることになると、これを拒みます。二人は角[*八]笛を吹け、吹かぬ、と何度もいい争います。そうしているうちにもイスパニヤ軍は迫り、ついに戦いへと突入していくのでした。

戦いは、はじめフランク王国軍が優勢でした。シャルルマーニュの十二勇士に対して、イスパニヤも対抗できる戦士を十二人選びだして戦いを挑みますが、フランク王国側の十二勇士がこれに優り、イスパニヤの十二勇士を次々に倒していきます。戦の中で、何度もフランク王国軍の勝鬨《かちどき》の声「モンジョワ！」があがります。

ローラン、オリヴィエをはじめとする十二勇士は獅子奮迅の戦いぶりで、敵軍を斬り倒しますが、死者は双方に増えていきました。

やっと十万の敵軍が残すは一騎のみになったとき、マルシル率いる援軍二十万が谷の中から現れたのでした。形勢はいっきに逆転し、死を覚悟したローランはゆめゆめ汚名を残すなと戦友オリヴィエに声をかけ、敵に打って出ます。

しかし、十二勇士は次々と倒れ、味方はわずか六十騎となり、今度は逆にローランが角笛を吹こうとオリヴィエにいいます。しかし、オリヴィエはそれでは後世に恥を残すとこれを制します。けれども戦友ローランの両腕が血で真っ赤に染まっているのを見て、思わず胸をつかれるオリヴィエなのでした。

二人のいい争うところへチュルパン大僧正が現れ、「時は遅しといえども吹かぬより吹いたほうがよい。王が引き返されれば、必ずや我らの弔い合戦をなされ、そして我らの骸が狼らの餌食にならぬように取り計らってもいただけよう」というのでした。

渾身の力をこめて吹くローランの角笛は、山を越え、はるか遠くに響きわたりました。それは山峡を行くシャルルマーニュにも届きます。シャルルマーニュは角笛の音にローランたちの危機を察し、ガヌロンの裏切りに気づきました。ガヌロンを捕らえるや、急いで隊を引き返したのでした。

ローランの最期

ロンスヴォー峠ではオリヴィエが深手を負い、戦友ローランを呼んでいました。ローランがオリヴィエに近づくと、オリヴィエはいきなりローランに斬りつけました。幸いローランに傷はなく、「我と知ってか」と問うローランにオリヴィエは驚き、もう眼が見えぬことを告げるのでした。そして、オリヴィエはついに死に、ローランも愛馬ヴェイヤンチーフにまたがり、最後の力を振り絞って、敵陣に躍りこんでいくのでした。

ローラン一人に手も足も出ない敵軍は、卑怯にも遠くから多くの投げ槍や長槍、短槍、投げ矢を射かけます。愛馬ヴェイヤンチーフは三十ヶ所にのぼる傷を負い、ローランを乗せたまま倒れ、ローランも多くの傷を負ったのでした。

徒歩となったローランは、戦友たちの亡骸を一ヶ所に集め祈りを捧げると、角笛オリファン、名剣デュランダルを手に持ち、近くの小山に登りました。そこには、一本の木があり、その下に四つの大理石がありました。ローランはデュランダルを敵の手に渡すまいと、大理石を斬りつけますが、デュランダルは少しの刃こぼれもしないのでした。これまで自分を守ってきたこの剣を不憫に思い、ローランは剣を折ることをあきらめます。

すでに死期は迫っていました。ローランは角笛オリファンと剣デュランダルを地に置くと、腹這いになり、敵軍[*九]を見すえて眼をつむり神に祈るのでした。

こうして、勇士ローランは神に召されました。

ローランは死にましたが、『ローランの歌』はこの後まだ続き、とって返したシャルルマーニュがローランらの仇を討ちます。凱旋したシャルルマーニュは、裏切り者のガヌロンを裁きにかけます。ガヌロンは、大逆罪人として四肢を荒馬に引き裂かれるのでした。

ローラン・ガイド

一　シャルルマーニュ（七四二～八一四年）

シャルルマーニュ（ドイツ語読みではカール）はフランク王国の王で、カロリング朝の初代王ピピンの子です。五十三回にもおよぶ軍事遠征によってフランク王国を広げ、ついには西ローマ帝国にも匹敵するほどの領土をもちました。八〇〇年には、教皇レオ三世によってローマ皇帝の帝冠を授けられます。これ以降は大帝と呼ばれました。

歴史の中から彼の偉大なる遠征をひろってみましょう。

●イタリア半島を支配していたロンバルド王国を征服。
●イベリア半島のイスラム教徒を討伐。
●ピレネー山脈を越えエブロ川までの土地を征服（このピレネー越えでの戦の話が『ローランの歌』のもとになっています。次の項を参照）。
●ドイツのバイエルンおよびザクセン地方を征服。
●スラブ族およびアヴァール人を討伐しオーデル・ドナウ両川までを征服。

こうしてシャルルマーニュは、西ヨーロッパのほとんどを手中におさめたのでした。

このように偉大なる王であり武将であったシャルルマーニュは、一方では内政にも力を発揮し、国の中央集権化に努めました。また、ヨーロッパ各地から学者や文人を招き、宮廷学校を設立し、文化の振興にも努めます（カロリング・ルネサンス）。

シャルルマーニュは、ゲルマン的な民族衣装（たとえば紐編みの深靴、真紅の長靴下、亜麻《あま》の衣服、青いマントといった質素なスタイル）を好んで身にまといました。また、性格は淡白で、暴飲暴食などは決してしなかったとも伝えられています。

長身で、白く輝く長い髪、吸い込まれるような碧眼と鷲鼻をもち、平素は威厳にみち、いったんことあれば計り知れない行動力を発揮するシャルルマーニュは、ヨーロッパの人々に愛され続けている王の一人なのです。

二　実際のロンスヴォーの戦い

『ローランの歌』のもとになった史実は、七七八年のイスパニヤ（スペイン）遠征からの帰還の際の出来事です。フランスへ抜けるロンスヴォーの山峡で、シャルルマーニュ軍の後衛がバスク人[*十]に襲撃され、殲滅されました。この後衛の中に〝辺境ブルターニュの総督〟という身分のローランという大将がいました。史実にはローランについての情報はこれだけしかなく、この話を後世の語り部やミンストレル（武勲詩や物語詩を歌う歌い手）たちがいろいろに脚色し、中世で最も有名な叙事詩『ローランの歌』となり、悲劇の英雄ローランができあがったのです。

*一　『ニーベルンゲンの歌』とともに中世ヨーロッパ最大の叙事詩です。『ローランの歌』は、実際にあったロンスヴォーの戦いをもとに作られました（百七十七ページのローラン・ガイドを参照）。はじめからこのような大叙事詩の形をしていたのか、短い歌が合わさり、つけたされていったものなのかははっきりしていません。

*二　ライン川右岸に住んでいたゲルマン民族のうちのフランク族が、北部ガリアに侵出し四八六年に建設した王国。現在のドイツ、フランス、イタリアを含む大帝国。シャルルマーニュの死後、内紛を起こ

し分裂します。

＊三　シャルルマーニュは国境防衛のため、国境の領地（辺境領）に辺境伯という官僚を置きました。

＊四　ローランの伝説のもとになる人物は、実際に存在したと考えられています。この人はルオドランドゥスといい、辺境伯の一人で、ロンスヴォーの戦い（ローランが戦死した戦い）で戦死しているという記述が、シャルルマーニュの側近が書き残したシャルルマーニュの伝記にあります。

＊五　歴史上ではシャルルマーニュのイスパニヤ侵攻は、実はロンスヴォーの戦いのあった七七八年にはじまったばかりで、七九五年イスパニヤに辺境領を設置するまでの約二十年間続きました。

＊六　「パラディン」とは宮廷の側近の意味です。

＊七　このほかにもアストール、ゲッフィエという名前が、ローラン出陣の際に馳せ参じた勇士の一人として登場します。しかし、このとき馳せ参じたほかの勇士がこれ以降も戦いの中で十二勇士として名前があげられているにも関わらず、彼ら二人は登場していないので、ここでは十二勇士以外のフランス側の戦士として扱うことにしました。

＊八　この角笛についての二人の掛け合いは、『ローランの歌』のさわりともいうべき部分で、このあとフランス軍も最期というとき、ローランが角笛でシャルルマーニュに知らせ仇を討ってもらおうというのに対し、逆にオリヴィエが、これを止めるという掛け合い部分と対になっています。

＊九　これは、ローランはつねづね、戦死を遂げるときには敵軍に向かって死ぬのが剛者、といっていたからです。

＊十　ピレネー山脈の両側、スペイン北部とフランス南西部に住む民族。

II

ギリシアの英雄たち

ギリシア神話の英雄——一

ペルセウス

Perseus

ペルセウスは、蛇の頭をもち人を石にする怪物メドゥサを退治した英雄です。彼は、ギリシア神話の主神ゼウスと人間の娘との間に生まれました。

ペルセウスの誕生

ペルセウスは、主神ゼウスとアルゴス王家の娘ダナエとの間に生まれました。しかし彼は望まれずして誕生した子供でした。それは彼が祖父のアルゴス王アクリシオスを殺す宿命を背負っていたからです。

王のアクリシオスは自分の孫に殺されるという予言を受けていました。おりしもゼウスが娘のダナエに恋をしていました。孫の誕生を恐れたアクリシオスは、娘のダナエを青銅の塔に閉じ込めてしまいます。しかし、ゼウスは黄金の雨に身を変えて屋根をつたい、ダナエの膝に降りそそぎます。こうしてゼウスの子を身ごもったダナエは、ペルセウスを生んだのです。

予言が実現するのを恐れたアクリシオスは、娘ダナエと孫のペルセウスを木の箱に入れ海に流してしまいます。しかしゼウスの加護のもと、この箱はセリポス島[*1]に流れ着き、ペルセウスは、親切な漁夫のディクテュスに助けられ立派に成長します。やがてペルセウスは、島の誰よりも背が高く、勇敢で礼儀正しく、円盤投げ、拳闘など何事にもひいでた若者になりました。

ペルセウスへの難題

養父のディクテュスには、セリポス島の王であるポリュデクテスという狡猾《こうかつ》な兄がいました。彼は美しいダナエに恋をし、結婚を迫ります。しかし、ダナエはこれを拒み、ペルセウスも猛反対します。邪魔なペルセウスさえいなくなればと考えたポリュデクテスは、ペルセウスをメドゥサ退治にいかせることにしました。メドゥサとは、その顔を直視した者をたちまち石に変えてしまうという怪物です。しかし、ペルセウスは少しもひるむことなく、この難題を引き受けます。

ペルセウスの武器

ギリシア神話に登場する英雄たちは神々から試練を受けたり、加護を受けたりします。

メドゥサ退治に向かうペルセウスの場合は、神の加護を受けることができました。彼には、アテナ[*二]と、ヘルメス[*三]の二人の神が助け船を出してくれました。

アテナは、メドゥサの棲むオケアノスの流れ近くの場所までの道筋を教えました。それには、まず常世の国のはずれにある氷原に住む三人の老婆グライアイに会う必要がありました。グライアイたちは、メドゥサの棲み家を知っており、また、メドゥサ退治に必要な道具をもっているニンフの居場所も知っていました。ペルセウスは、グライアイに会いにいきます。

アテナとヘルメスは、旅立ちにあたり、ペルセウスにメドゥサ退治に役立つ次のような武器を与えてくれました。

■黄金の楯

アテナは三つのものをペルセウスに与えました。一つめが、黄金の楯（青銅という説もあります）です。この楯は鏡のようにぴかぴかしていて、メドゥサに出会ったときには、この楯に映して見れば石にならずに戦えるのです。

■隠れ兜

二つめは、かぶるとまわりに闇が立ちこめ、その人間の姿を隠してしまうという兜（または帽子）でした。この兜は、ヘルメスがニンフに与えたもので、それをニンフがペルセウスに贈ったという説もあります。

■黄金の翼をもつ靴

三つめは、黄金の翼のついた靴で、この靴をはくと鷲よりも速く飛ぶことができました。この靴は、ニンフがペルセウスに贈ったという説とヘルメスが贈ったという説があります。

■金の新月刀

ヘルメスは百眼巨人のアルゴスを倒した刀をペルセウスに与えました。アルゴスは、全身に百個の目をもつ怪物で、ゼウスの妻ヘラは、ゼウスの浮気の相手であるイオを見張るために彼を遣わしました。しかし、ゼウスはヘルメスを送ってアルゴスを倒します。ちなみに孔雀の尾に見られる大きな丸い模様は、ヘラがアルゴスをいたんで飾った百個の目だといわれています。

グライアイに会う

さて、アテナとヘルメスからもらった楯、兜、刀を身につけ、翼のはえた靴で空を飛び、ペルセウスはグライアイたちの住む氷原にやってきます。そこは、アザラシさえも寄りつかない凍てついた場所です。月の光を浴びて、三人の老婆が座っていました。この三人は巨人族の親類であり、メドゥサ[*四]の姉妹で、オリンポスの神々や英雄たちを嫌っていました。

シェークスピアの『マクベス』などの物語には三人の老婆が登場しますが、三人のグライアイがこのようなサブキャラクターの一類型のもととなったとも考えることができます。

グライアイは、三人で一つの目と一つの歯をもっていました。それを手渡しして三人で使うのです。ペルセウスが訪れたとき、彼の姿を見ようとしたグライアイは、目を手から手へとまわしはじめました。そのすきにペルセウスは、すかさず手を出してその目を奪ってしまいます。グライアイはしかたなくメドゥサとニンフの居所を教えました。その後、ペルセウスは奪った目を湖に投げ込み、グライアイたちがメドゥサにペルセウスのことを知らせないよう時間かせぎをしました。

ニンフの贈物

グライアイたちに聞いた通りに空を飛び、ペルセウスはニンフたちの住む〝黄昏の娘たちの園〟へとやってきました。そこは清い水が流れ、鳥が歌い、花が咲き乱れる常春の国でした。

ニンフたちは千年もの間、ここで踊り暮らしていました。けれども誰もここを訪ねる者はなく、遊び相手がほしくてたまらなかったのでした。そこへペルセウスがやってきたので、ニンフたちはたいへんに喜び、彼に金糸で織ったキビシスという魔法の袋を贈りました。この袋こそメドゥサ退治になくてはならないものだったのです。蛇の髪の毛をもつメドゥサの首は、強力な毒をもっていました。この魔法の袋だけが、その毒に耐えることができたのです。

こうして準備の整ったペルセウスは、いよいよメドゥサの棲むオケアノスの流れに向かって飛び立っていきました。

メドゥサ退治

ペルセウスは悪臭たちこめる大きな沼にたどり着きました。沼の表面からは、緑色をし

た不気味な炎がめらめらと燃えあがっています。この沼から続くひとすじの流れが、オケアノスの流れでした。ペルセウスは、河に沿って進んでいきました。しばらくすると、真鍮の鱗と翼をもった三人の巨大な生き物、ゴルゴンが眠っているのが見えてきました。このうちの一人がメドゥサです。三人のうち、一番奥にいるゴルゴンの頭は髪の毛が蛇で、そのたくさんの蛇がしゅうしゅうと恐ろしい音をたてていました。これこそメドゥサです。

ペルセウスは黄金の楯に前方を映しながら近づきました。メドゥサはなにも気づかず眠っています。新月刀を大きく振りあげたペルセウスは、一刀のもとにその首を切り落としたのでした。ころがった首をキビシスの袋にしまっていると、物音に気づいた二人のゴルゴンが襲ってきました。ここでペルセウスはすかさず兜をかぶります。姿を隠したペルセウスは無事に逃げおおせたのでした。

アンドロメダの救出

こうして、見事にメドゥサの首を手にしたペルセウスは、帰路で美しい妻をも手に入れることになります。その顚末も紹介しておきましょう。

エジプトを越え、フェニキア海岸を飛んでいたペルセウスは、岩にしばりつけられた娘を発見します。この娘はエチオピアの王女でアンドロメダといいました。アンドロメダは、海の神ポセイドン[*五]の怒りによって、海の怪物のいけにえにされるところでした。事情を聞いたペルセウスは、手にしていたメドゥサの首で怪物を石に変え、アンドロメダを救ったのでした。その後、ペルセウスはアンドロメダと結ばれることになります。結婚式の際、アンドロメダのかつての婚約者であったピネウスが仲間とともに邪魔に入りましたが、このときもペルセウスはメドゥサの首を使ってピネウスとその仲間を石に変えてしまいました。

こうして、アンドロメダという妻を得たペルセウスは、故郷のセリポス島へ帰りました。

ペルセウスの帰還

セリポスに帰ってみると、ポリュデクテスの迫害にあった母ダナエとディクテュスが祭壇に避難していました。約束どおりメドゥサの首をもち帰ったペルセウスは、ポリュデクテスに会いにいきます。ところがポリュデクテスは、ペルセウスをあざ笑って相手にしません。怒ったペルセウスは、メドゥサの首をかかげ、ポリュデクテスを石に変えてしまいます。

ポリュデクテスを倒したペルセウスは、ディクテュスを王にしました。これにより、セリポスには平穏な日々が訪れます。

メドゥサ退治に使った武器のすべては、アテナの指示によりヘルメスに返しました。また、メドゥサの首はアテナに献上し、アテナはその首を胸板*六にはめ込みました。

その後のペルセウス

その後ペルセウスはアンドロメダとともに、祖父アクリシオスを訪ねてアルゴスへ向かいました。これを知ったアクリシオスは、孫に殺されるという予言を恐れて姿を隠してしまいます。それでも運命は、結局二人を引き合わせたのでした。

アクリシオスを探していたペルセウスは、テッサリアの地で開かれた競技に参加し、円盤を投げます。これが偶然アクリシオスに当たり、彼は死んでしまいます。こうして予言は現実となりました。

ペルセウスは、偶然とはいえ祖父を殺してしまったことを悔い、手厚く弔ってからアルゴスの地へ帰りました。アクリシオスの跡を継いで、一旦は王となったペルセウスですが、祖父を殺したことが忘れられませんでした。結局この地をティリュンスと交換し、ティリュンスの王となりました。これは、事故とはいえ、祖父殺害によって汚された王位継承のくもりを取り除くために作られた話だともいわれています。

その後ペルセウスは妻アンドロメダとともにティリュンスを統治し、五人の息子と一人の娘をもうけ、高齢になるまで幸せに暮らしました。

ペルセウス・ガイド

一　オリンポスの十二神

ペルセウスをはじめギリシアの英雄たちは、神々の子であり、神々による試練と加護を得て冒険を行います。ここではオリンポスの十二神を、簡単に紹介しておきます。

一．ゼウス

ギリシア神話における主神。全能の神として、神々と人間の上に君臨しましたが、その好色は、数々の英雄を生み出すとともに、妻のヘラとのトラブルを引き起こしては英雄たちへの試練のきっかけとなりました。

二．ヘラ

ゼウスの姉にして妻。美しい女神ですが嫉妬深く、好色なゼウスの相手となった女神や人間の女と、その子である英雄たちに対し数々の災難を与えます。この災難が英雄たちにとっては試練となり、その克服は英雄であることの証明となります。

三．ポセイドン

海を支配する神。クロノスとレアの子で、ゼウスの兄弟です。激しく、また気まぐれな性格で、オリンポスの神々の中でも最も恐れられました。

四．ハデス

黄泉の国（タルタロス）の王でゼウス

の兄。王国内部での彼の法律に厳格で、暗い性格のもち主です。死を司る一方で、穀物などの豊かさをもたらすとも考えられていました。妻は略奪婚をしたデメテルの娘ペルセポネです。

五．アポロン

太陽の神。ゼウスとレトの子で医術と音楽を司ります。美男で明るく、強く賢いという理想の人間を具現化していますが、決して理想の神とはいえません。デルポイには彼の神託所があり、ときに英雄と人間たちが訪れました。

六．アルテミス

月の女神。純潔性にこだわります。狩猟と弓術を司るゼウスの娘でアポロンとは双子です。ローマ神話におけるダイアナです。

七．アプロディテ

恋の女神。海に捨てられた神々の祖ウラノスの死体が泡となり、そこから生まれたとされています。鍛冶の神ヘパイストスと結ばれましたが、恋多き女神で、ときにほかの神々とも浮名を流しました。息子にエロスがいます。

ギリシア世界

八．ヘパイストス

鍛冶の神。ゼウスとヘラの息子です。容姿の醜さから母のヘラに嫌われ捨てられます。その際足を折り片足が不自由になりました。彼の作り出す武器や品物には不思議な魔力があり、人間たちは工芸の神として深く尊敬しました。妻のアプロディテにはしばしば裏切られますが、彼女を深く愛していました。

九．ヘスティア

かまどの女神。ゼウスの姉で、結婚することなく一生を処女ですごしたといわれています。

十．アレス

軍神。ゼウスの子。性格は狂暴で戦を

好みます。

十一．ヘルメス

商業の神。ゼウスとアトラスの娘マイアの子で、旅人や盗人の守神でもありました。また、死者を黄泉の国へ導く案内人でもあります。

十二．アテナ

知恵と戦争の女神。ゼウスの娘。兜をかぶり、丸い楯と槍をもち、胸には房飾りのついた胸板アイギスをつけていました。メドゥサの首はこの胸板の中央にはめ込まれました。都市アテナイは彼女の名前にちなんで名づけられました。

二　ゴルゴン三姉妹

ポルキュス[*七]とケトの兄妹の間に生まれた姉妹です。上から、ステンノ、エウリュアレ、メドゥサといいました。三人とも昔は美しい娘でしたが、まずはメドゥサがアテナの怒りをかって恐ろしい姿に変えられます。これに対して意見をいった姉二人も、メドゥサにより恐ろしい姿に変えられてしまったとされています（アテナが変えたともいわれています）。

アテナがメドゥサの姿を醜くしたのは次のような理由からでした。

その昔メドゥサは美しい乙女でした。しかし、自分の髪がアテナの髪よりも美しいと自慢したために、恐ろしい姿に変えられてしまったのでした。また、美しいメドゥサがポセイドンに愛され、アテナに捧げられた神殿で結ばれたことを怒ったアテナが、彼女を醜い姿に変えたという説もあります。

メドゥサの髪は毒蛇に変わり、身体中が鱗で覆われ、両手は真鍮の翼に変わり、鷲の爪のような鍵爪ができました。胴は猪の形になり、その恐ろしい顔は、見た者を石に変えてしまうのです。そして、姿だけではなく心まで憎悪に満ち、醜くなってしまったのでした。

メドゥサをこんな姿にしただけでは満足できなかったアテナは、ペルセウスを使ってメドゥサを殺そうと考えました。

メドゥサはペルセウスに首を切られたときにポセイドンの子を身ごもっていましたが、その子たちはメドゥサの首のつけ根からしたたる血の中より生まれました。それがクリュサオル[*八]と天馬ペガソスの兄弟です。

ポルキュスとケトの子には、ゴルゴン三姉妹のほかに前述のグライアイ三姉妹がいます。

三　ペルセウス関連の星座

アテナはペルセウスやアンドロメダが死ぬと、彼らを星座にしました。また、アンドロメダの母カシオペイアと父ケペウス、そして海の怪物も、くじら座（名前は「くじら」ですが星座の形はセイウチに似ています）として空の星の一つになりました。

四　英雄流離譚

ペルセウスの話は典型的な英雄流離譚です。時代と地域を超えて一つのパターンからつくられた英雄物語が数多くみられます。それらに共通するのは次のような点です。

- 神や王などの高貴な血筋である。
- 子供時代に捨てられ、養父によって育てられ鍛えられる。
- 血筋だけでなく、王位につく能力があることを冒険や武勇で証明する。

●めでたく王位につく。

とくにギリシア神話では、このパターンがよくみられます。権力闘争の正当化には、血筋とともに能力がある正しい有資格者であることが必要だったので、神話の形で残っているのだと考えることができます。

*一　ミルトア海に浮かぶセリフォス島のこと。
*二　百九十二ページのペルセウス・ガイドを参照。
*三　百九十二ページのペルセウス・ガイドを参照。
*四　百九十二ページのペルセウス・ガイドを参照。
*五　百九十二ページのペルセウス・ガイドを参照。
*六　胸板でなく盾ともいわれています。
*七　二人とも海の神ポントスと大地の神ガイアの子。
*八　三つの頭をもつ巨人ゲリュオンの父。

ギリシア神話の英雄——二

ヘラクレス

Hercules

ヘラクレスは、ゼウスとアルクメネの息子で、ギリシア神話の中で最も偉大な英雄です。ヘラクレスはとくに父ゼウスが目をかけた息子で、なみの人間ではできないような数々の偉業を成しました。また、有名な十二の難業を果たし、最後にはオリンポスの神々の一人に迎えられます。

ヘラクレスの誕生

ヘラクレスは双子の一人として生まれました。ヘラクレスは主神ゼウスが父親でしたが、もう一人の子イピクレスは、母アルクメネの婚約者アムピトリュオンが父親です。どうしてこんなことになったかというと、アルクメネが婚約者と結ばれる前に、[*一]婚約者の姿に化けたゼウスと結ばれ、次の日に遠征から帰還したアムピトリュオンと結ばれたからでした。

ゼウスの妻ヘラは浮気の子であるヘラクレスを憎み、ヘラクレスの生涯を通じてさまざまな災いを与えます。その手はじめとして生後八カ月のときに、眠っているところへ毒蛇を送り込みました。しかしヘラクレスはすっくと立ちあがると小さな両手でこの毒蛇を絞め殺してしまいます。

若き日のヘラクレス

ヘラクレスは、その道の達人たちから、馬術、戦車を扱う術、格闘術、剣術、弓術、武器の使い方など、さまざまな教育を受けました。

みるみるうちに技を習得したヘラクレスは、体もずんずんと成長していきました。それは、誰が見ても神々の王ゼウスの子であることを証明していました。

さて、ヘラクレスは武術だけではなく、竪琴も習いました。けれども、これはヘラクレスには不向きでした。なかなか上達しないヘラクレスは、叱られてかっとなり師のリノスを殴り殺してしまいます。

このかっとなる性格はヘラクレスの特徴です。一旦かっとなると我を忘れて抑制がきかなくなり、相手を殺すまで暴力をふるってしまいました。この性格のため、彼はついにはわが子さえも手にかけることになります。

さて竪琴の師を殺したヘラクレスは殺人罪に問われます。正当防衛を主張し無罪にはなったものの、短気なヘラクレスを心配した父のアムピトリュオンは、ヘラクレスをキタイロン山へ送り、羊飼いとして暮らさせることにしました。

キタイロン山で立派に成長したヘラクレスは十七歳になりました。この年、生涯を通じてのユニフォームとなる獅子の毛皮を、はじめて身につけることになります。

そのころ、キタイロン山では獅子が出没し、家畜を襲っていました。ヘラクレスはこの獅子に敢然と立ち向かい、素手でこれを退治します。獅子の皮は自分の服にし、大きく裂けた獅子の口を兜にしたといわれています。

また、五十日間にわたって毎夜、別の女性の相手をしたという精力絶倫のエピソードもこのころのものです。

獅子を退治し、故郷のテバイへ帰ることになったヘラクレスは、その帰路において、テバイに向かうオルコメノス国のエルギノス王の使者を虐殺します。エルギノス王は父をテバイ人に殺され、その復讐として二十年間の貢ぎ物をテバイに課しており、使者は貢ぎ物を受け取りにいくところだったのです。故郷の苦難を救おうとしたヘラクレスは、使者の耳、鼻、手を切り取ると、首に紐でくくりつけ、オルコメノスに送り返しました。
怒ったエルギノス王はテバイに出兵しますが、アテナから武器を授かったヘラクレスはこれを迎え討ち、テバイを救ったのでした。喜んだテバイ王は、娘のメガラをヘラクレスに与え、二人には三人の息子が生まれました。

十二の難業

出生以後、長きにわたってヘラクレスを憎んでいたヘラは、彼に狂気を吹き込みます。このため気が狂ったヘラクレスは自分[*二]の三人の息子を殺してしまいます。その後、正気に戻った彼はテバイを去り、デルポイ[*三]へ向かいます。ヘラクレスは、ここである神託を受けました。それによると、ティリュンスの領主エウリュステウスの奴隷として仕え、命じられる仕事をせよとのことでした。また、もしこれが成されたあかつきには、不死の命を得ることができるとも告げられました。

神託の通りに、エウリュステウスのもとで仕えたヘラクレスは、ここで十の難業を成し遂げるよう命じられました。二つの難業は成し遂げたと認められなかったため、ヘラクレスは合計十二の難業を果たしました。

こうして彼は、ギリシアの英雄の中でも最も数多くの冒険を行うことになります。

一．ネメア谷の獅子退治[四]

この獅子は、女神の一人セレネから乳をもらって育ったため、不死身の体をしていました。ヘラクレスはアポロンから授かった矢を射ますが役に立たず、オリーブの木で作った棍棒を使って戦い、最後には素手で倒しました。

二．レルネの沼の水蛇ヒュドラ退治[五]

ヒュドラは頭が百個ある水蛇で、胴体は犬のようなかっこうをしていました。百個のうちの一個は不死身の頭といわれ、また一個の頭を切り落とすと二個の頭がはえてくるという怪物です。ヘラク

レスは頭を切り落とした後、つけ根を燃えた木で焼くことによって、新しい頭がはえないようにしました。こうして次々に頭を切り落とし、ついには不死身の頭を切り落とすことにも成功したのです。ヘラクレスは、ヒュドラを退治すると、その胆汁の毒から毒矢を作りました。この毒矢は以後のヘラクレスの戦いにたいへん役立ちますが、最後にヘラクレスの命をとることにも役立ってしまいます。

しかし、この仕事はヘラクレスの甥イオラオスが手伝ったため、成し遂げた仕事と認められませんでした。

三. ケリュネイアの鹿の捕獲

この鹿は黄金の角をもち、月の女神アルテミスの戦車を引く鹿の一頭でしたが、ケリュネイアに放たれ、近くの畑を荒らしていました。ヘラクレスはこの鹿を追って、はるか遠い土地までいきますが、鹿が眠っているときに網を放って生け捕りにしました。

四. [*六]エリュマントスの猪の捕獲

この猪は、エリュマントスに住む大きな野猪で、たびたび近隣の町を襲っていました。猪を探している途中、ヘラクレスはケンタウロス族の酒宴に加わり、酔ってケンタウロス族と喧嘩になった末、ヒュドラの毒矢で多くのケンタウロス族を殺してしまいます。生き残ったネッソスというケンタウロス族の一人は、後に[*七]ヘラクレスを死にいたらしめることになります。やっとのことで猪を見つけたヘラクレスは、網を放ち生け捕りにしました。

五. アウゲイアスの家畜小屋の掃除

この家畜小屋は、何年もの間一度も掃除をしなかったため、糞で一杯になっていました。それを一日で掃除するというのがヘラクレスに課せられた仕事でした。

ヘラクレスは小屋の壁に穴を開け、川の流れをその穴から小屋の中へ通すことによって小屋中をきれいにし、それが終わると穴をふさいでもとに戻しました。

ヘラクレスがアウゲイアスに掃除の報酬を要求したため、この仕事は、成し遂げたと認められませんでした。

六. ステュムパロス湖の怪鳥退治

この怪鳥は、鶴に似た巨大な鳥です。青銅の翼をもち、どんな楯や鎧も突き通してしまう鉄のくちばしをもっていました。ヘラクレスは、女神アテナがヘパイストス[*八]に作らせた青銅の鳴り物を使って怪鳥を脅かし、ヒュドラの毒矢を使って射止めました。

七．クレタ島の牡牛の捕獲

この牡牛は、クレタ島の王妃パシパエが交わってミノタウロス[*九]を産んだという、いわくつきの牡牛で、たいへん凶暴でした。この牡牛もヘラクレスには難なく生け捕りにされました。

八．ディオメデス王の人食い馬の捕獲

この人食い馬は、トラキアのビストン人の王ディオメデスに飼われていました。ヘラクレスは、ディオメデス王や家来たちの邪魔だてをものともせず、この馬を捕らえます。ヘラクレスに倒された王は、自分の飼っていた馬の餌食となったのでした。

九．アマゾンの女王ヒッポリュテの帯をもち帰る

この帯は一族の長たる印でしたが、女王はヘラクレスに好意を示し、一旦は譲る約束をしてくれました。しかし、女神ヘラの邪魔だてにより、結局はアマゾン族と戦った末、帯を奪い取ったのでした。

十．ゲリュオンの牛の捕獲

ゲリュオンは三つの頭をもつ怪物でした。ヘラクレスはゲリュオンを倒して牛を手に入れます。この難業でヘラクレスは、アフリカ、スペイン、フランス、イタリアと旅をすることになります。

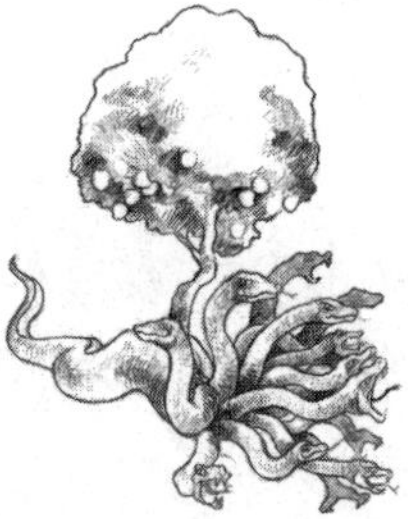

十一．ヘスペリス[*十]たちの黄金のリンゴをもち帰る

エウリュステウスの与えた難業は、これで十一になり、約束の十を超えますが、前述のように二番目と五番目の難業は、エウリュステウスに認めてもらえませんでした。このため、さらに二つの難業が課せられました。

黄金のリンゴは、ヘスペリスと百の頭をもつ大蛇ラドンが護っていました。ヘラクレスはこのラドンと戦ってリンゴを手に入れたという説、天空を支えているアトラスに頼んでヘスペリスからリンゴをもらってきてもらったという説などがあります。

十二．黄泉の国の番犬ケルベロスの捕獲

黄泉の国へ侵入したヘラクレスは、黄泉の国の王ハデスと一対一で戦います。負けそうになったハデスは、素手で捕まえられるのならばケルベロスを与えよう、という許可を与えたのでした。もちろんヘラクレスは素手でケルベロスを捕まえ、肩にかついで黄泉の国を後にしました。

こうして、見事に十の仕事を達成したヘラクレスは、奴隷の身から解放され、不死の命を得たのでした。

以上の十二の仕事をヘラクレスの〝十二[*十一]の難業〟といいます。

十二の難業後のヘラクレス

テバイに戻ったヘラクレスは、子供を殺した自分には夫としての資格がないと考え、メガラと離婚します。

その後、オイカリアの王エウリュトスの催した弓術大会に出場し勝者となります。ほうびは王の娘イオレでしたが、王はヘラクレスが息子を殺したことがあるので、結婚を認めません。王の息子イピトスだけは、数々の武勲をたてているヘラクレスを尊敬し、王にとりなそうとしますが、王は納得せず、怒ったヘラクレスはオイカリアの地を去ります。この後、ヘラクレスは再び狂気[*十二]の発作を起こし、イピトスを殺してしまいます。どうにも業の深い人間がヘラクレスのようです。

こうして、ヘラクレスは再び罪を償うためにデルポイの神殿にいき、神託を仰ごうとします。しかし、巫女が彼を追いはらおうとしたので怒り、巫女の座る三脚を盗み、神殿を壊してしまうと脅します。これに対して神殿の主であるアポロンが怒り、ヘラクレスと戦います。ヘラクレスは人間でありながら神のアポロンと互角に戦います。しかし、ゼウスが雷を投げて二人の間を割って、この争いを止めました。

この後、ヘラクレスは罪を償うため再び奴隷となり、三年の間働きます。この期間にも前の十二の難業のときのように、いくつもの仕事を成し遂げます。

ケンタウロスのネッソスの恨み

三年の期間が過ぎると、ヘラクレスはこれまでの人生で自分を裏切ったり虐待した者たちに、次々に復讐していきます。

このころ、彼はデイアネイラという美しい乙女を妻にしていました。デイアネイラを連れて川をわたろうとしたときのこと、ケンタウロス族のネッソスが現れます。彼は自分がデイアネイラをおぶって川をわたろうと申し出て、川を先にわたります。しかし、ネッソスはデイアネイラを犯そうとしたため、ヘラクレスはヒュドラの毒矢で彼を射殺したのでした。

ネッソスは死際に、デイアネイラにこうささやきます。

「もしヘラクレスの愛がさめたときには、私の血を媚薬として使いなさい。そうすれば愛が戻ります」

しかし、これはヘラクレスを殺そうと仕組んだネッソスの最後のたくらみでした。ネッソスの流した血にはヒュドラの毒矢による毒が入っていました。なにも知らないデイアネイラは、ネッソスの言葉を信じ、彼の血を瓶に入れてしまったのでした。

ヘラクレスの最期

ときがたち、ヘラクレスは最後の復讐を果たしました。相手は、娘を自分にくれるという約束を破ったエウリュトス王でした。ここでもヘラクレスは勝利をおさめ、エウリュトスと彼の息子は戦死し、娘のイオレはヘラクレスの妾となります。

イオレに嫉妬し、ヘラクレスの愛を疑ったデイアネイラは、ヘラクレスの衣服にネッソスの血を塗ります。毒に苦しむヘラクレス。ネッソスの悪巧みに気づいたデイアネイラは自分の愚かさを嘆き自害します。ことここにおよんで、すべてを知ったヘラクレスですが、すでに毒は体中にまわり、最後の神託を受けるしかありませんでした。神託では火葬壇を築き、そこに登ってゼウスの御心に従えとのことでした。ヘラクレスは神託に従い、火葬壇に横たわりました。やがて火がつけられ、ヘラクレスは昇天していったのでした。

彼の人生は暴力と憎悪に色どられたものでした。恋愛もほかの英雄たちのように愛情に縁どられたものというよりは、欲望に近いものだったとも考えられます。なにかにかられるようにして、冒険の人生を送ったヘラクレスは、死した後、ゼウスによって神の一人に加えられました。

ヘラクレス・ガイド

一　天の川の成り立ち

ヘラクレスがまだ赤ん坊のころのこと。ヘラは、ある赤ん坊に自分の乳を与えていました。ところが、その赤ん坊はヘラクレスだったのです。これに気づいたヘラは、自分のあやまちを呪い、彼を地面にたたきつけます。このときヘラクレスの吐き出した乳が夜空に散って天の川となったということです。

二　ヘラの嫉妬

ヘラクレスを憎んでいたヘラは、十二の難業に挑む彼に対し、いろんな方法で邪魔をしてきます。ヘラクレスが十二の難業を果たす必要にせまられたのも、もとはといえばヘラによって気を狂わされ、自分の子を殺してしまったためでした。つまり、十二の難業もすべてはヘラの謀ったことだったのです。

ヘラはたいへん嫉妬深い女神でした。ゼウスの関係した女性やニンフたち、その子供たちに復讐する話がいくつも残っています。なかでも、ヘラクレスと彼の母アルクメネに対する迫害は、際立っています。ヘラクレスは、その誕生から死に至るまで終生ヘラの執念と戦うことになりました。

あまりに執念深いヘラのやり方に怒ったゼウスが、ヘラの両方の手首をオリンポスの山にしばりつけ、足には重石に鉄床をくくりつけ、宙吊りにしたという話もあります。

しかし、ヘラクレスが死んで神々の仲間入りをした後には、ゼウスの説得により二人は和解し、ヘラクレスはヘラの娘ヘベと結婚したということです。

＊一　この夜ゼウスは偉大なる英雄を生むために夜の長さを三倍にしたといわれています。

＊二　このとき妻メガラも殺したという説もあります。

＊三　百九十四ページの「アポロン」の項を参照。

＊四　ゼウスはヘラクレスの武勲をたたえ、このとき退治されたライオンを獅子座として天の星に加えました。

＊五　ヒュドラの加勢をした蟹の化物もヘラクレスに踏みつぶされますが、ヘラはこの蟹をたたえて天に加え蟹座としました。

＊六　このときヘラクレスは金羊毛皮を求めるイアソンの一行に一時的に参加します。イアソンの冒険については二百十七ページの「イアソン」のページを参照。

＊七　二百十三ページの「ヘラクレスの最期」の項を参照。

＊八　ゼウスとヘラの子で、鍛冶と金属鋳造の神です。
＊九　二百五十ページの「ミノタウロス退治」の項を参照。
＊十　祖母ガイアからヘラへ贈られた黄金のリンゴを護っているニンフ。
＊十一　成し遂げたとされる十の仕事だけを数えて〝十の難業〟といわれることもあります。
＊十二　この発作は、前のときと同様にヘラによるともいわれています。

ギリシア神話の英雄——三

イアソン

Jason

イアソンは、金羊毛皮を探しに遠征したアルゴ号の英雄たちのリーダーです。個性の強い英雄たちをまとめたわけですから、リーダーとしての人格と人望を最ももった英雄だといえるかもしれません。

イアソンの生い立ち

イアソンはイオルコスの王になるはずだったアイソンの息子でした。しかし、アイソンは異父兄弟のペリアスに王位を奪われ、一市民として暮らすことになりました。アイソンは、息子イアソンがペリアスに殺されることを恐れて、彼をケンタウロス族の賢者ケイロン[*一]に預けて養育してもらいます。

やがて成長したイアソンは父の王位を取り戻そうと、イオルコスに戻る決心をします。

一方、ペリアスはデルポイ[*二]の神託によって、片方だけサンダルをはいたアイオロス[*三]の子孫に気をつけよと告げられていました。

イオルコスへ向かったイアソンは、途中の川で老婆に出会います。この老婆を背負って川をわたったイアソンは、サンダルを片方流してしまいました。実は、この老婆は女神ヘラでした。彼女は、自分への祭儀を行わないペリアスに怒り、イアソンに助勢するつもりだったのです。

サンダルを片方だけはいて目の前に現れたイアソンを見て、ペリアスは神託のことを思い出し、なんとかイアソンを亡きものにしようと考えました。そこで思いついたのが、誰も手にすることができないといわれている金羊毛皮[*四]を取りにいかせるという計略でした。

「もし、海の向こうのコルキスにある金羊毛皮をもって戻ったなら、王位をおまえに譲ろう」

イアソンは、危険を承知でペリアスの言葉に従ったのでした。

この部分の話は一説には、ペリアスが「誰かがおまえを殺しにきたら、どうするか」とイアソンに尋ね、イアソンがそれに対して「金羊毛皮を取りにいかせる」と答えたため、それをそのままイアソンに課したともいわれています。

このようにして王位継承権をもつイアソンは、その血筋だけでなく、王位につくにふさわしい力をもつことを証明しに旅立つことになります。

アルゴ号の船出

イアソンはこの遠征のために、各地から多くの英雄[*五]たちを呼びよせます。

その中には、次のような勇士が顔をそろえていました。

アルゴス……船大工の名人。アルゴ号を建造しました。

イダスとリュンケウス兄弟……イダスは力もちで、リュンケウスは鋭い千里眼をもっていました。

オルペウス……楽士で、航海の間みんなの心を音楽[*六]でなぐさめました。

カストルとポリュデウケス兄弟……カストルは馬術にひいで、ポリュデウケスは拳闘にひいでていました。〝神の双子〟と呼ばれていました。

ゼテスとカライス兄弟……北風の神ボレアスの息子たちで、翼をもち自由に空を飛ぶことができました。

ティピュス……航海術にひいでていて、アルゴ号の舵取りをします。途中で病に倒れました。

テセウス……ミノタウロス退治で有名なアテナイの偉大な英雄です。

テラモン……ペレウスの兄弟で、彼同様強い勇士でした。アキレウスに次ぐ勇士アイアスの父。
ヘラクレス……ゼウスの子で十二の難業を成し遂げました（二百三ページを参照）。彼は、途中でアルゴ号の一行から抜けます。
ペリクリュメノス……ポセイドンの孫。姿を変える術を心得ていました。
ペレウス……勇敢で、当時最大の勇士でした。ギリシア最高の戦士アキレウスの父。

このほか、まだまだたくさんの英雄が遠征に馳せ参じ、総勢五十人のアルゴ船団が結成されました。

コルキスまでの海路

アルゴ号の一行は、出航にあたり牡牛を焚火に放り投げ、神々にいけにえとして捧げることにより、航海の無事を祈願しました。また、オリーブの冠をかぶった英雄たちは、杯をまわし飲みイアソンへの忠誠を誓うのでした。

一．レムノス島での滞在

出航したアルゴ号は、最初の寄港地レムノス島に着きました。

レムノス島の女たちは、女神アプロディテへの崇拝を怠ったために怒りをかい、悪臭を放つようにさせられていました。このため、レムノス島ではこの一年間、男が一人もいませんでした。そこへ寄港したアルゴ号の乗組員たちは、島の女たちにたいそう歓迎されました。

このころには、アプロディテの呪いも消え、女たちは悪臭を放たなくなっていました。女たちはアルゴ号の乗組員たちを離そうとせず、彼らは一年間この島に留まりました。島の女王はイアソンを愛し、二人の息子をもうけました。

二．キュジコスでの出来事

アルゴ号はアルクトンネソス島に寄港しました。この島の王キュジコスは彼らを歓迎し、手厚くもてなし、さらには下着や食料、そのほか航海に必要な品々まで与えたのでした。

その夜、六本の腕をもつ巨人たちが襲ってきました。けれども、ヒュドラの毒矢をもっていたヘラクレスが巨人を退治し、アルゴ号は翌朝、出航することができました。

アルゴ号は、しばらく順調に航海を続けた後、嵐に遭い、ある島に流れ着きました。一行は浜で野営をすることにします。すると、夜陰に乗じた何者かに襲撃されます。ここでも、武勇にひいでた英雄たちは逆に彼らを皆殺しにしたのでした。翌朝のこと、浜にころがっている死体を見ると、その中にあのキュジコス王がいるではありませんか。なんと、この島はアルクトンネソス島だったのです。アルゴ号は出航した浜に戻っていたのでした。そして、昨夜襲ってきたのは、アルゴ号を海賊と勘違いしたキュジコス王以下島の人々だったのです。

英雄たちは自分のしたことを悔い、キュジコス王を手厚く葬ったのでした。

三．ビテュニア沿岸にヘラクレスを置き去りにする

アルゴ号がビテュニア沿岸を進んでいるときに、ヘラクレスが自分の櫓を折ってしまいます。そこで、一行はこの地に寄港し、しばしの休息をとりました。その間、ヘラクレスは櫓を作っていました。

一方、ヘラクレスを慕って一行に加わったヒュラス少年は、泉に水を汲みにいっていました。泉の精は、少年のあまりの美しさに魅了され、彼を水の底へと引きずり込んでしま

います。帰ってこないヒュラスを心配したヘラクレスは、彼を探しにいきますが、手がかりはありません。そうこうしているうちに、ヘラクレスとヒュラス少年のことに気づかなかったアルゴ号の一行は、彼らを置いて船出してしまいました。

ヒュラス少年は、水の底から永遠に出てくることはなかったといいます。また、ヘラクレスは、この後故国ギリシアへ戻り十二の難業を成し遂げることになります。

四．ベブリュクス人の国での拳闘試合

アルゴ号の次の寄港先は、ベブリュクス人の国でした。この国の王アミュコスは、訪れる者すべてに拳闘の試合を挑み、対戦相手を必ず殺してしまうという話でした。この王の行いに腹を立てたアルゴ号の一行は、王の対戦相手として拳闘の得意なポリュデウケスを送り込みます。

ポリュデウケスの一発は、アミュコス王の耳の後ろに当たりました。この一撃で頭蓋骨を割られた王は、あっさりと死んでしまいます。これを見ていたベブリュクスの人々は、アルゴ号の一行に襲いかかりますが、一行は彼らを難なく撃退したのでした。

五．サルミュデッソスの怪鳥

次の寄港地は、トラキアの市サルミュデッソスでした。この地の王ピネウスは予言の力

をもっていました。ピネウスはかつて、余計なことを人間たちに知らせたということで主神ゼウスの怒りをかい、盲目にされた末、怪鳥ハルピュイアを送り込まれて、毎日苦しめられていました。ハルピュイアは空を舞って、毎日ピネウス王のテーブルから食べ物を奪い、汚物を落とすのでした。このため王は、飢餓状態になっていました。

アルゴ号の乗組員のうち、自由に空を飛べるゼテスとカライスの兄弟が、怪鳥退治に立ち上がりました。ピネウス王の食卓が整うと、いつものように怪鳥ハルピュイアが翼を広げてテーブルの上に現れました。このときとばかりに、ゼテスとカライス兄弟は空へ飛びたちます。驚いたハルピュイアは、あわてて逃げていきます。これを追ったゼテス、カライス兄弟は、空のかなたへと飛び去っていきました。

この後、ゼテスとカライス兄弟、そして怪鳥ハルピュイアの行方はしれません。一説では、アカルナニアというところまで兄弟が怪鳥を追っていくと、ゼウスの使者が現れて、「あの鳥はゼウスさまの使いです。退治してはいけません」と二人を止めたということです。

六．シュムプレガデスの難所

ピネウス王を救った一行は、彼から難所といわれているシュムプレガデスの海峡を無事に通りぬければ、あとはすべてうまく航海することができるという予言を受けます。

この海峡は、風が吹きすさび、波が逆巻き、二つの岩が波に激しくゆれてぶつかりあ

アルゴ号の航路

い、通る船はことごとく岩にたたきつけられ、木っ端微塵に砕かれてしまうという、恐ろしい場所でした。

この海峡も間近になったとき、乗組員の一人で*七ポセイドンの子エウペモスが、名案を思いつきました。「一羽の鳩をこの岩と岩の間に飛ばすのです。岩はぶつかりあって、鳩をつぶそうとするに違いありません。しかし、鳩はすばやいのでなんとか通り抜けるでしょう。そして、岩と岩がもう一度離れようとしたときに、一気に船をこいで通り抜けるのです」

エウペモスのいう通りに、一気に船をこいだアルゴ号の一行は、この難所をなんとか通過することができました。これには、彼らを見守っていた*八アテナの助力もありました。アテナがアルゴ号を波頭にうまく乗せてくれたので、船は滑るように岩と岩の間を通り抜けたのでした。

この後、アルゴ号はテュニア沖の無人島、マリアンデュノス人の島、シノペ、テミスキュラと順調に航海を続けました。航海の間には、野猪に殺されたり、病死したりする乗組員も出ましたが、新たに仲間に加わる剛者もいました。

こうした冒険を経て、一行はついにコルキスに到着したのでした。

コルキスでの出来事

ようやくコルキスについたイアソンは、仲間の中から二人を選び、コルキス王アイエテスの宮殿へと向かいました。イアソンに助勢しようとしていた女神ヘラは彼らの姿を霧で包み、人目につかないようにしました。

ところが、アイエテスの二番目の娘メデイアは魔法使いで、イアソンたちの姿を見つけてしまいます。そのとき、イアソンに味方する女神アプロディテが、恋の矢をもつエロスを呼んでメデイアに矢を射たのでした。これにより、メデイアはイアソンに一目惚れし、一旦は危機を脱します。しかしイアソンたちは宮殿に着くや王の家来に捕まってしまいます。ここでもメデイアのくちききで命拾いをしました。

異国の男たちをなんとか殺してしまいたいと考えたアイエテスは、イアソンに難題をもちかけ、それを成し遂げたら金羊毛皮を与えようといいました。

その難題とは、口から炎を吐き青銅の蹄をもつ牡牛を捕まえて大地を耕し、大地に蒔いた種から生まれた兵士を倒せということでした。

魔法使いメデイアは、この難題にも手を貸しました。彼女は、体にぬると力を得、楯にぬれば火や剣から必ず身を護ることができるという魔法の薬草をイアソンに与えました。また、大地から生まれ出てくる兵士たちには、この薬草を塗った兜を放り投げると、彼らは味方同士で戦いあって、全滅してしまうということでした。

イアソンは、この薬草のおかげで見事にアイエテスの難題を成し遂げました。

イアソンが牡牛に殺されるか、大地から生まれた兵士に殺されるかと考えていたアイエテス王は、これが娘のメデイアのしわざだと気がつきました。父の怒りを恐れたメデイアは、夜に紛れて宮殿を逃げ出し、イアソンのもとへと走ります。アルゴ号にメデイアを迎えたイアソンは、彼女を妻とすることを神に誓います。メデイアは喜び、イアソンに金羊毛皮のある場所へ案内すると申し出ます。金羊毛皮は、森の中で竜に護られていました。メデイアが、この竜に魔法をかけて眠らせたため、イアソンはやすやすと金羊毛皮を手に入れることができました。

アルゴ号は、その夜のうちにコルキスを船出しましたが、追っ手もすぐに迫ってきました。そこで、メデイアは残忍な計略を思いつきます。アルゴ号に一緒に連れてきた自分の弟を殺して海に捨て、父アイエテスが亡骸を拾いあげ悲しんでいるところで、一気に追っ手を離してしまおうというのでした。乗組員一同は、この残酷な案にふるえましたが、メデイアは自分の計略どおりにことを運んだのでした。

しかし、残忍なメデイアの行いに怒った神々は、乗組員たちが罪の汚れを清めるまで、アルゴ号が帰還できないようにしたのでした。こうして、アルゴ号は汚れを清めるための航海を続けた末、やっと帰還することができました。イアソンは、航海の途中でメデイアと結婚したのでした。

帰還後のイアソン

帰国[*九]したイアソンは金羊毛皮をペリアスにわたします。

金羊毛皮をもち帰ったイアソンは、イオルコスの王にはならず、妻メデイアの父アイエテスのかつての領地コリントスに向かいます。

ここで、イアソンとメデイアは十年間ともに暮らし、子供をもうけます。しかし、あるときコリントスの王の娘との縁談がもち上がったため、イアソンはメデイアを追放して王の娘と結婚することにしたのでした。怒ったメデイアは復讐のため自分たちの子供を殺してしまいました。
その後メデイアは、翼をもった蛇の引く車にのって、アテナイへと逃れたということです。

イアソンの死

一方、イアソンについては諸説があります。

一．子供の死を嘆き自害した。
二．メデイアに殺された。
三．輝かしいアルゴ号の航海という過去の栄光にとりつかれて気が狂った。
四．アルゴ号の残骸を懐かしく見上げているところへ、船の梁が落ちて死んだ。

など、このほかにもいくつかの説があります。

アルゴ号での航海までは英雄として勇ましく、りりしい姿をみせていたイアソンですが、メデイアとの結婚後、彼は権力に執着する醜い男になりさがりました。こうした彼を待っていたのは惨めな最期だったようです。

イアソン・ガイド

一　金羊毛皮

ペリアス王の叔父にあたるプリクソスは、オルコメノスの王アタマスの子でした。しかし、幼いころ継母のイノに殺されそうになり、実の母ネペレによって金色の羊に乗せられ、はるかコルキスへと逃れてきたのでした。

コルキスに着いた後、金色の羊はいけにえとして神に捧げられ、その毛皮（金羊毛皮）は森に吊り下げられました。

コルキス王アイエテスは、自分の娘カルキオペをプリクソスの妻にします。しかし、金羊毛皮のなくなるときアイエテス王の世は終わるという予言に恐れおののいたアイエテス王は、プリクソスを殺してしまいました。金羊毛皮は竜によって昼夜護られることになりました。

なお、プリクソスとカルキオペの息子アルゴスは、アイエテスに殺されそうになって国から逃げ、漂流しているところをアルゴ号の一行に助けられて仲間に加わり、イアソンがアイエテスの難題を成し遂げるときに手助けをしました。

＊一　ほかのケンタウロスとは異なり、優しく、さまざまな芸術や医術、弓術にたけていました。また、多くの英雄の師となりました。

＊二　百九十四ページの「アポロン」の項を参照。

＊三　アイソンはアイオロスの孫でした。アイオロスは人間ではありましたが、ゼウスに気に入られ風の支配者となりました。

＊四　二百三十一ページのイアソン・ガイドを参照。

＊五　彼らは〝アルゴナウタイ〟と呼ばれています。また、これは複数形を表す言葉で、単数形では〝アルゴナウテス〟になります。

＊六　二百三十三ページの「オルペウス」のページを参照。

＊七　ポセイドンについては百九十二ページのペルセウス・ガイドを参照。

＊八　アテナは、アルゴスがアルゴ号を造るときに力を貸したため、それ以降この船の行く末をみまもっていたのでした。アテナについては百九十二ページのペルセウス・ガイドを参照。

＊九　これには別の説があって、ペリアスを殺したという話も伝わっています。また、イアソンの妻となったメデイアは、ペリアスの娘をだまして、ペリアスの体を切り刻んで釜ゆでにすると若返ると教え、それを信じた娘たちは父を殺してしまったという話もあります。

ギリシア神話の英雄──四

オルペウス

Orpheus

オルペウスは、アポロン[*一]とムサ[*二]のカリオペの息子で、ギリシア神話の中で最も偉大な音楽家であり、詩人です。

オルペウスは、死んだ妻のエウリュディケを連れ戻そうと、黄泉の国へいき、さまざまな冒険に出会います。また、アルゴ号の航海にも参加し、乗組員の心を竪琴でいやし、行く手を阻む敵に音楽で戦います。

音楽家オルペウス

オルペウスは、すばらしい歌い手であり、竪琴の演奏家でした。

彼が作って歌う歌は凶暴な野獣をおとなしくさせ、鳥は彼の頭の上で音楽に合わせて飛びたわむれるのでした。彼のまわりには、音楽を聴きに集まった動物たちの輪がいつもできていました。そして、木も、草も、花もその竪琴の音色に聞きほれ、地面から抜けだ

し、彼の後を踊りながらついてきたということです。海辺にいけば、オルペウスの奏でる曲に海の魚たちがうかれてピョンピョン飛び跳ねたといわれています。

アルゴ号での活躍

オルペウスの武器は竪琴です。彼の英雄としての力は腕力ではなく、音楽的な才能でした。その才能はときとして腕力以上の力を発揮しています。

イアソンがリーダーとなったアルゴ号[*三]の航海でも、その歌声と竪琴の調べによって重要な役割を果たしました。オルペウスが彼の音楽で行ったことを並べてみることにします。

一．アルゴ号の舳に座って、歌声で荒れ

狂う海を鎮め、アルゴ号を無事な航海に導きました。

二．遠く故郷を離れ、望郷の念にかられているアルゴ号乗組員たちの心を歌や竪琴で慰めました。

三．金羊毛皮を護る竜を眠らせたのはメデイアであるという説とは別に、オルペウスの音楽であるという説があります。

四．コルキスからの帰路、通りかかる船乗りを永遠に釘づけにしてしまうセイレンの歌声を竪琴の調べでかき消し、アルゴ号は無事にセイレン[*四]の島を通り過ぎました。

このように、オルペウスはアルゴ号の航海成就に大きな貢献をしました。

妻エウリュディケ

オルペウスに関する話でとくに有名なのが、死んだ妻エウリュディケを連れ戻そうと黄泉の国に出かけた話です。

アルゴ号での航海から戻ったオルペウスは、故郷トラキアに戻り木の精エウリュディケと結婚します。

ある日、アポロンとニンフのキュレネの息子アリスタイオスは、美しいエウリュディケを見て後を追いかけます。エウリュディケは必死で逃げるうちに毒蛇を踏んでしまいます。蛇はエウリュディケの足にかみつき、エウリュディケは死んでしまいます。

オルペウスは嘆き悲しみ、とうとう死者がつれていかれる黄泉の国へいってエウリュディケをつれ戻そうと決心しました。いくつもの難関をくぐり抜け、黄泉の国へと近づきました。黄泉の国のまわりはステュクス川が九重にとりまき、黄泉の国の王ハデスの館の門は、番犬ケルベロスが護っていました。

ステュクス川には、カロンという老いた渡し守がいました。死者から渡し賃をとり、ハデスの国へと渡してやるのが彼の仕事でした。彼はひどく汚い身なりをし、たいへんなかんしゃくもちでした。オルペウスは彼の前で竪琴を奏で、彼の心を揺り動かし、ステュクス川を渡してもらいます。このときオルペウスが奏でた曲は、カロンが若かったころの船唄だったといわれています。

ハデスの館の門を護る番犬ケルベロスは三つの頭をもち、尻尾は蛇の形をしていて、背中にはたくさんの蛇の頭が一列に並んでいるという、それは恐ろしい姿をしていました。ケルベロスの頭の一つは、死者が逃げださないように門の内側を見張り、もう一つは生きている者が門の中に入らないように外側を見張っていました。最後の一つは見張りを破った死者や生者を捕らえて食べるために待機していました。オルペウスは、ケルベロスに美しい子守歌を奏で、三つの頭をみんな眠らせてしまいました。

こうしてオルペウスは黄泉の国の王ハデスの館に着きました。

オルペウスとエウリュディケ

ハデス王は、女王ペルセポネとともに玉座に座っていました。オルペウスは竪琴を取りだし、美しかった妻エウリュディケのこと、なぜエウリュディケが死んでしまったかということ、自分とエウリュディケの短かった結婚生活のことなどを、哀しい調べで奏でました。ペルセポネはこの調べに心を動かされ、涙を流しました。冷酷非情といわれるハデス王も、妻のこのありさまを見て、オルペウスに一つの条件を出します。

「オルペウスよ、おまえの妻を返してやることにしよう。しかし、黄泉の国から出るまでは決して振り返ってそなたの妻を見てはならない。もし、このことを破ったらエウリュディケは再びこの国に戻って、二度とおまえに会うことはないであろう。」

オルペウスは喜び、決して後を振り返らないと誓いました。彼は出立し、エウリュディ

ケもすぐ後を追いました。オルペウスは音楽家特有の小さな音でも聞き分けられる耳をしていましたから、自分の後からついてくる妻の足音が聞き取れました。喜びをかみしめながらオルペウスは帰路を急ぎました。

黄泉の国からの帰り道は、ハデス王の指示にしたがうことになっていました。ハデス王はオルペウスに罠を一つ仕掛けていました。オルペウスとエウリュディケが、松が生い茂る森を通るように仕向けたのです。その森では、松の落葉が地面に積もっていたので、足音が消されてしまうのでした。森に入るとオルペウスは、今まで聞こえていた妻の足音が聞こえなくなったので、驚いて思わず振り向いてしまいました。そこには、妻エウリュディケが立っていましたが、オルペウスが振り向くやいなや消えていきました。オルペウスが妻の名をいくら叫んでも、あたりはしーんと静まり返っているだけでした。

オルペウスの最期

妻エウリュディケを永久に失ってしまったオルペウスは、黄泉の国から帰ると魂の抜け殻のようになってしまいました。彼は、それから三年もの間女性を遠ざけ、洞窟で世捨て人のような暮らしをしていました。ときおり訪ねてくる若者たちには歌や詩を教え、黄泉の国からもち帰った秘教を伝授したともいわれています。

オルペウスの最期は悲惨なものでした。

遠ざけられたのを恨みに思ったトラキアのマイナス[*五]たちは彼を八つ裂きにしたとも、彼に恋したマイナスたちが、彼を自分のものにしようと争っているうちに八つ裂きにしたとも伝えられています。

身体は八つ裂きにされましたが、頭だけはそのままヘブロス川へ転げ落ち、海に流れて波間を漂いました。そして、その口からは絶えず「エウリュディケー」と妻を呼ぶ悲しい声が聞こえたのでした。

また、オルペウスの頭はアポロンによって地中に埋められたともいわれています。埋められたオルペウスの頭からは木々が生え、その木々の梢を渡る風の音は、まるでオルペウスの音楽のように聞こえたということです。

オルペウスの竪琴は、アポロンによって琴座として天の星座の一つに加えられました。今でも天上では、琴座を囲んで動物たちの星座が輪を作り、オルペウスの竪琴の音色を聴いているのです。

オルペウス・ガイド

一　セイレン

アンテモエッサ（〝花の咲き乱れる〟の意味）の島に住む、鳥のような羽をもつ女たちで、二人、三人、あるいは四人といろいろな説があります。

彼女たちはたいへん美しい声をしていて、その歌声は島を通りかかる船の乗組員たちをとらえて放さず、永遠に島から出ていくことを許さなかったといわれています。そのため、彼女たちの島は、その歌声の犠牲者となった船乗りたちの白骨で真っ白になっていました。

また、一説には彼女たちの歌声に聞きほれた船乗りたちは皆、船の操縦を誤り難破したともいわれています。

もし、歌声が通用しなかったときには、彼女たちは海に身を投げて死ぬことになっていました。オルペウスが竪琴で彼女たちの歌声を封じたときには、セイレンの一人が海に身を投げましたが、このときは彼女たちを愛していた女神アプロディテに助けられました。

⚜二　マイナスとディオニュソス

マイナスとは、酒の神ディオニュソスに心酔したトラキアの女たちです。山中で子鹿の皮を身にまとい、頭には蔦や樫の葉やもみの木を冠にし、松明とぶどうの房を手にもって、狂ったように踊り、歌い、ディオニュソスを祭る儀式をしました。

オルペウスは、ディオニュソスの信奉者でもあり、彼女たちとともに酒宴を催したりしました。

また、ディオニュソスはアポロン（太陽の神）と対立関係にありました。オルペウスが、明け方地平線から昇る太陽を崇めたことから、ディオニュソスの心酔者であったマイナスたちに八つ裂きにされたという説もあります。

＊一　父はアポロンではなく、トラキア王オイアグロスともいわれています。

＊二　ゼウスとティタン族のムネモシュネの娘たちで、〝ミューズ〟のこと。彼女たちは翼をもっていたといわれています。

＊三　二百十七ページの「イアソン」のページを参照。

＊四　二百四十一ページのオルペウス・ガイドを参照。

＊五　二百四十一ページのオルペウス・ガイドを参照。

ギリシア神話の英雄――五

テセウス

Theseus

テセウスは、アテナイの王アイゲウスと、トロイゼンの王ピッテウスの娘アイトラとの間に生まれた子です。アテナイの最も偉大な英雄で、牛の頭をもった巨人ミノタウロスを倒しました。

テセウスは、非常にたくさんの冒険をしています。テセウスについて詳しくお話する前に、ざっと彼の冒険歴を見てみましょう。

一．生まれ故郷トロイゼンから父のいるアテナイへ向かう途中、多くの盗賊をやっつけ、凶暴な獣を退治しました（アテナイに着くと、父アイゲウスから王位を継承され、長い間アテナイを治めました）。

二．アテナイの少年と少女が毎年クレタ島の王ミノスによって、怪物ミノタウロスの餌食にされていたため、ミノタウロスを退治しにクレタ島へ出かけました。

三．ギリシアのたくさんの英雄が参加したアルゴ号[*一]の航海に参加しました。
四．カリュドン[*二]の猪狩りに参加しました。

テセウスの生い立ち

アテナイの王アイゲウスは、あるとき親友でトロイゼンの王であるピッテウスを訪ねました。このときピッテウスの娘アイトラとの間に子供ができました。これがテセウス[*三]です。

アイトラが身ごもったことを知ったアイゲウスは、アイトラを大きな岩のある所へ連れていきました。そして、その岩をもちあげると、自分の剣とサンダルを岩の下に置き、再び岩をかぶせました。そして、アイゲウスは、お腹の子が大きくなったら、この岩をもちあげさせ、この剣とサンダルをもってアテナイの自分を訪ねるようにいいました。そのときには、その子を自分の後継者として認めようというのでした。

やがて生まれたテセウスは、強くたくましい少年に成長しました。母のアイトラは、テセウスに父親が誰であるかを教え、また大きな岩について父の残した言葉を伝えました。アイトラの案内で大きな岩の所へ来たテセウスは、楽々その岩をもちあげて、剣とサンダルを手にしました。

ならず者たちとの対決

テセウスは、父の国アテナイへ向けて出発することになりました。トロイゼンからアテナイまでは、海路と陸路のどちらでもいくことができました。テセウスは、自分の力を試そうと、盗賊や猛獣の出るという陸路を選びました。

■ならず者ペリペテスを棍棒で殺す

最初に出会ったのは、鍛冶の神へパイストスの息子ペリペテスでした。ペリペテスは、人の命をなんとも思わないならず者で、旅人を大きな青銅の棍棒で殴り殺していました。テセウスは、彼から棍棒を取りあげ、逆にペリペテスをその棍棒で殴り殺しました。それ以降、この棍棒はテセウスのものとなりました。

■無法者シニスを松の木で殺す

次に出会ったのは、松曲げ男というあだ名をもつシニスという無法者でした。シニスは、二本の松の木を曲げては、通りかかる旅人をその木にしばりつけ、その後木を離して、しばられていた[*四]旅人の体を引き裂いていました。

テセウスは、今回も相手の無法者がしていた通りの方法で相手を殺しました。

■盗賊スキロンを亀の餌にする

次に出会ったのは、スキロンという盗賊で、彼はまず旅人から金品を盗むと、次に自分の足を洗わせました。足を洗い終わると、スキロンの前に屈みこんでいた旅人はスキロンに蹴落とされ、崖下に待っている大亀に食べられてしまうのでした。

テセウスは、なにも知らない旅人のふりをして、スキロンの前に屈みこみ彼の足を洗うふりをしました。スキロンが足を出すやいなや、テセウスはスキロンの足をつかみ、彼を崖下へ投げ飛ばしました。もちろん、下では大亀が口を開けて待っていたので、スキロンは亀の餌となりました。

■山賊プロクルステスの首を切り落とす

テセウスがある宿屋に泊まったときのことです。その宿屋の主人はプロクルステスという名うての山賊でした。プロクルステスは、泊り客がベッドに寝ると、その客をベッドにしばりつけ、もし客の背がベッドよりも短い場合には、足首に紐を結んで、それを無理やり引っ張って客の背を伸ばしました。客は骨がはずれ死んでしまいました。もし、客の背がベッドよりも長い場合には、余る分だけ客の頭や足を切り落として、やはり客を殺してしまうのでした。

テセウスは部屋に忍んできたプロクルステスをベッドに押し倒すと、その首をベッドに合うように切り落としました。

こうした冒険を繰り返し、とうとうテセウスは父の国アテナイへとやってきました。そこでは山賊や盗賊の退治とはくらべものにならない大きな陰謀と敵が待ち受けていました。

アテナイでの出来事

アテナイでは、王位継承をめぐってアイゲウスと義弟パラスの間で争いが起きていました。そのころアイゲウスはコリントスから逃れてきたメデイア[*五]を妻にしていました。メデイアとの間にはメドスという息子が生まれていましたが、よそ者のメデイアの子に王位を継がせるわけにはいかないと、義弟パラスは自分の五十人の息子のいずれかに王位を継がせようと企んでいました。一方メデイアも自分の子をぜひ王にしたいと考えていました。

テセウスがアテナイにやってきたのは、そんなときでした。アイゲウスはテセウスが自分の息子だとわかりませんでした。その結果、テセウスは王位につくまで三つの試練を経なければなりませんでした。

■マラトンの猛牛退治

自分の子を王位につかせたいメデイアは、アイゲウスをそそのかしテセウスをマラトンという地を荒らしている猛牛退治にいかせました。この牛はヘラクレスが第七の難業でギリシアに連れてきた牡牛でした。この牛を退治するために、すでにクレタ島の王ミノスの子アンドロゲオスがアイゲウスの命で旅立っていましたが、彼は逆に牛に殺されてしまっていました。

しかしテセウスはまんまと牡牛を捕まえて、アテナイに戻ってきました。

■メデイアの計略

テセウスが無事戻ってきたのを知って、メデイアは再び計略を練りました。今度は、テセウスがパラスの息子たちと手を結んでいるという嘘をアイゲウスに吹き込みました。そして、宴の席でテセウスの杯に毒をもることをアイゲウスに告げました。アイゲウスはメデイアの言葉にだまされ、メデイアのやりたいようにさせることにしました。

宴がはじまりました。テセウスは、アイゲウスの子であることを示す剣を父の目に触れるように、料理の肉を切るときにわざと使おうと考えていました。テセウスが剣で肉を切ろうとしたとき、アイゲウスはその剣が自分がトロイゼンで岩の下に置いてきたものであることに気づきます。そして、テセウスが手にした毒入りの杯を、たたき落とすのでした。こうして、父と子は名のりあい、アイゲウスはテセウスに王位を継がせることを発表しました。メデイアは計略が徒労に終わったことを知り、息子メドスとともにコルキスへと逃げていきました。

■パラスの五十人の息子との戦い

一方おさまらないのは、パラスとその五十人の息子たちです。突然現れたテセウスに王位を横取りされ、彼らはついに兵をあげる決意をしました。

しかし、テセウスは自分を支持する兵たちとともに、これを討ち、アテナイには平穏が訪れました。

ミノタウロス退治

テセウスが格闘能力をいかんなく発揮したのが、ミノタウロス退治です。

テセウスが王位につく前からアテナイでは、クレタ島へ貢ぎ物といけにえを送っていました。それは次のような経緯によるものでした。

テセウスが退治したマラトンの牡牛は、テセウスの前にも退治する使命をおびた戦士が数人派遣されていました。もちろん彼らは命を落とし、帰ることはありませんでした。その中にミノス王の息子が入っていました。ミノス王は息子の死を逆恨みし、アテナイに対して貢ぎ物を要求しました。それだけでは、腹の虫がおさまらないミノス王はアテナイに戦を仕掛けました。悪いことにこのころアテナイでは疫病が流行し、多くの人々が病に倒れていました。そのため、アテナイはミノス王の軍隊に完敗し、毎年七人の若者と七人の娘がクレタ島へいけにえとして送られることになりました。このいけにえにされた者たちは、クレタ島のミノタウロスという怪物の餌食にされるのでした。

ミノタウロスは、ミノス王の妻パシパエとマラトンの牡牛の間に生まれた、牛の頭と角をもち、身体は人間の姿をしている巨大な怪物で、ミノス王はミノタウロスをラビュリントスという迷宮に棲まわせていました。

テセウスは、いけにえの若者に混じって、ミノタウロス退治に出発することになりました。父アイゲウスは、生きて帰ったときには船の白い帆を黒い帆に変えて、無事の帰還をいちはやく知らせるようにと、テセウスにいいました。テセウスは出帆に先だって、ことが無事成就するようにアポロンとアプロディテに祈りを捧げました。

船はいけにえたちを乗せてクレタ島に着きました。アプロディテはテセウスの祈りに応えて、テセウスの助勢をするつもりでした。アプロディテが行ったのは、ミノス王の娘ア

リアドネをテセウスの味方につけることでした。アプロディテの力により、アリアドネはクレタ島に着いたテセウスを一目見るなり好きになりました。そして、テセウスがミノタウロスのいるラビュリントスに入っても、無事ミノタウロスを倒し、迷路に迷わず出てこられるように、剣と糸を渡しました。

「この糸をラビュリントスの迷路の入口にしばりつけてから中に入り、

剣でミノタウロスを倒したら糸をたぐって、もと来た道を戻ってくるのです」とアリアドネはテセウスにいいました。そして、その交換条件にテセウスとの結婚を迫ったのでした。テセウスはアリアドネとの結婚を承諾し、剣と糸を手に迷宮ラビュリントスへ向かいました。

ラビュリントスの入口に糸をしばると、テセウスは薄暗い迷宮の中へと入っていきました。しばらくすると、ミノタウロスのいる迷宮の奥の部屋に出ました。ミノタウロスは毒々しい赤い目をテセウスに向けました。そして、次の瞬間牛のような毛に覆われたその巨大な身体が立ちあがると、テセウスめがけて襲いかかってきました。テセウスはアリアドネにもらった剣を振りかざすと、ミノタウロスを迎えうちました。二人は激しくもつれあって戦いましたが、ついにはテセウスの剣がミノタウロスを突き刺し、ミノタウロスは地面に崩れ落ちました。

テセウスは、急いで糸をたどりながら迷宮の入口に戻りました。そして、アリアドネといけにえの若者たちを船に乗せ、アテナイ目指して出帆しました。港を出るときには、ミノス王の船の船底に穴を開けてきたので、ミノス王は彼らの後を追うことができませんでした。

クレタ島からの帰路

テセウス一行はアテナイへの帰路、ディア島に立ち寄りました。テセウスはここにアリアドネを置き去りにしてしまいます。なぜ、恩があり、結婚の約束もしたアリアドネを捨てたのか、それにはいろいろな説があります。

- テセウスは何者かに魔法をかけられ、アリアドネを忘れてしまった。
- テセウスが別の女を好きになりアリアドネを捨ててしまった。
- ディア島に寄ったディオニュソスが王妃にしようとアリアドネを連れ去ってしまった。
- 船酔のため下船したアリアドネを残したまま、船が波に運ばれてしまった。

いずれにせよ、ここでテセウスはアリアドネと別れ、ディア島から離れます。

やがて、テセウスの船はアテナイの港に近づきました。しかし、テセウスらは故郷に帰れた喜びに白い帆を黒に変えることをすっかり忘れていました。海の彼方に見える船の帆が白いのを見て、てっきりテセウスがミノタウロスにやられたと思い込んだアイゲウスは、悲しみの余り海に身を投げてしまいます。

帰還したテセウスは父の死を知り驚き悲しみますが、やがて王位を継承しアテナイを治めました。

アマゾン遠征

王となったテセウスは、あるときアマゾン[*六]族遠征に乗り出しました。

テセウスはアマゾン族の女王の妹アンティオペ[*七]にひかれ彼女を捕らえて、アテナイに連れ帰ります。

アマゾン族の女戦士たちはアンティオペを取り返そうと、テセウスを追いアテナイに侵攻してきます。プニュクス丘を占拠したアマゾン族とアクロポリス丘に陣を張るテセウス軍は激戦を繰り広げますが、最後にはテセウス側の勝利に終わります。

アンティオペはテセウスの妻となりヒッポリュトスを産みますが、それがもとで亡くなります。テセウスはミノス王の娘でアリアドネの妹にあたるパイドラと再婚します。ヒッポリュトスは成長するとトロイゼンに派遣され総督になりました。

テセウスはその後、アルゴ号[*八]の航海に参加したり、カリュドン[*九]の猪狩りに参加するなどの活躍をします。

ケンタウロス族との争い

テセウスにはペイリトオスという親友がいました。ペイリトオスはテッサリアのラピテス族の王でした。彼はテセウスのアマゾン遠征、アルゴ号、カリュドンの猪狩りなどテセウスの冒険には必ず同行したといわれています。

ペイリトオスがヒッポダメイアという乙女と結婚するときのことです。結婚の宴で酒に酔ったケンタウロスがペイリトオスの新妻とラピテス族の女たちを連れ去ろうとしました。ケンタウロス族とラピテス族は戦となり、宴に呼ばれてきていたテセウスはラピテス族の加勢をしてケンタウロスたちをやっつけます。ついにはケンタウロス族が謝り、国を追放されることになりました。

妻パイドラの裏切り

テセウスがアテナイの王になって、長い年月が過ぎていました。しかし、まだ王位をあきらめきれない叔父パラスは五十人の息子たちと再び兵をあげました。テセウスは今回も戦いに勝ち、パラスを殺し、ほかの親族たちも大勢殺すことになりました。血のつながるものを殺したことで、テセウスは一年間だけアテナイを追放されることになります。このときの旅には、妻パイドラやその子たちが同行しました。

テセウス一行が向かったのは、息子ヒッポリュトスの治めるトロイゼンでした。ここで、思わぬことが起こります。妻パイドラが血のつながらない息子であるヒッポリュトスに恋してしまったのです。しかし、処女神アルテミスを崇拝しているヒッポリュトスは、しつようにせまるパイドラを拒み続けます。パイドラは悲しみ自害してしまいますが、このとき彼女はテセウスあてに偽りの遺書を残すのでした。

その遺書には、ヒッポリュトスが自分にいいよるためにこんなことになってしまったと書かれていました。遺書の文面をうのみにしたテセウスは、ヒッポリュトスを追放し、ポセイドンに祈って彼を殺そうとします。ポセイドンは、ヒッポリュトスが戦車で浜辺を走っているときに、海から怪物を出現させました。戦車を引いていた馬は怪物に驚き、ヒッポリュトスを戦車から振り落とし、そのまま彼を引きまわして殺してしまいます。

テセウスはアルテミスから真実を聞かされますが、ときすでに遅くヒッポリュトスは死んでしまっていたのでした。

黄泉の国への旅

テセウスの親友ペイリトオスの妻が亡くなり、二人はともに妻のない身になりました。そこで二人は、ゼウスの娘を妻にすることを誓いあいました。テセウスはスパルタの王の娘ヘレネを妻にすることにしました。ヘレネはまだ十二歳と幼かったため、テセウスの母アイトラが花嫁にふさわしい年齢になるまで預かることになりました。

一方ペイリトオスは黄泉の国のハデス王の妻ペルセポネを妻にしようと思いました。そこで、テセウスを伴って黄泉の国へと旅立ちました。黄泉の国ではハデス王が二人を丁重にもてなしました。そして、二人はハデス王が勧めるままに忘却の椅子とよばれている椅子に腰をかけてしまいます。とたんに二人は椅子から立ちあがれなくなり、すべてのことを忘れてしまったのでした。

ときがたち、ヘラクレスが十二の難業のために黄泉の国にきたときに、テセウスは忘却の椅子から救い出されますが、ヘラクレスがペイリトオスを救おうとすると大地震となり救い出すことができませんでした。これはペルセポネを奪いにきた首謀者がペイリトオスだったためといわれています。

テセウスの最期

テセウスが黄泉の国から帰ってみると、アテナイはほかの王に支配されており、妻はすでにスパルタ人に奪い返され、母もともにさらわれてしまい、息子たちはエウボイア島というところへ逃れていました。テセウスも祖父の領地のあるスキュロス島へ逃れていきました。しかし、彼の力を恐れたスキュロス島の王は、テセウスを崖から突き落とします。こうして、アテナイ最大の英雄テセウスは非業の最期を迎えたのでした。

テセウス・ガイド

一　アマゾン族

アマゾン族はテミスキュラ[*+]に住んでいる女戦士の支配する部族です。彼女らは戦いを好み、日夜戦の訓練や身体を鍛えることに従事していました。種族を絶やさないため近隣の村の男たちと交わり、もし男の子が産まれた場合には殺すか奴隷としました。

彼女らは軍神アレスの子孫といわれ、アレスを信仰し、同時にアルテミスを純潔の女神として崇拝しました。

＊一　二百十七ページの「イアソン」のページを参照。
＊二　カリュドンの王子メレアグロスの呼びかけで、カリュドンの大地を荒らしまわっていた猪をギリシア中の英雄が集って狩りをしました。メレアグロスもアルゴ号のメンバーでした。
＊三　テセウスはポセイドンの子であるという説もあります。
＊四　一説には、旅人に松の木を曲げる手伝いをさせ、木をいきなり離して、旅人を空中に放り投げて殺したともいわれています。
＊五　二百二十六ページの「イアソン」のページで登場したメデイアと同一人物です。
＊六　このアマゾン族遠征は、ヘラクレスが第九の難業「アマゾンの女王の帯をもち帰る」に挑戦したときにテセウスが同行したものだともいわれています。
＊七　別の説では、女王ヒッポリュテを捕らえたとか、姉妹の二人とも捕らえたとかいわれています。
＊八　二百十七ページの「イアソン」のページを参照。
＊九　脚注＊二を参照。
＊十　黒海沿岸、小アジア北部にある地域。

ギリシア叙事詩の英雄――一

アキレウス

Achilles

アキレウスは、テッサリアにあるプティアの王ペレウスと海の女神テティスの息子で、ギリシア最強の戦士です。ホメーロスの書いた叙事詩『イーリアス』は、ギリシア軍のトロイア包囲の物語で、アキレウスを主人公にしています。

アキレウスの誕生

アキレウスの母である海の女神テティスはそれは美しい女神だったので、ゼウスとポセイドンの両神が妻にしたいと望みました。しかし、彼女の産む子はその父親をしのぐ存在となるといわれていたため、ゼウスもポセイドンもその子の出現を恐れ、テティスをあきらめて人間（ペレウス王）の妻にさせることにしました。テティスはペレウス王の妻となり、アキレウスが産まれました。

アキレウスの弱点

テティスは、赤ん坊のアキレウスを自分のように不死身の存在にしたいと願い、黄泉の国のステュクス川につけることにしました。この川につかった体は、どんな武器でも傷つけることができないのでした。けれども、このときテティスはアキレウスのかかとをつかんで川につけたので、そこだけが水につかりませんでした。そのため、かかとがアキレウスの弱点となりました。〝アキレス腱〟という言葉はこのことに由来しています。

勇者となるための修行

アキレウスの母テティスは、アキレウスを不死身にするためにこのほかにも、神々の食物をアキレウスの体にぬったり、残り火の中に埋めたりしました。このようすを見た父のペレウス王は驚き、息子になにをするのだとテティスをののしりました。テティスはなにもわからないで、ただ怒るだけのペレウスに愛想をつかし、海へ帰ってしまいました。

母のいなくなったアキレウスは、ケンタウロス族のケイロン[*一]に預けられます。ケイロンはイアソンをはじめとするアルゴ号の英雄たちの師であり、ほかにもたくさんの英雄を教育した英雄を育てるプロフェッショナルです。

アキレウスは音楽をはじめとする芸術、医術、戦のための戦術、武術などあらゆることを学びました。また、速く走ることも学びました。

女として育てられる

アキレウスはスキュロス島の王リュコメデス（英雄のテセウスを殺した人物）に預けられ、女として育てられたともいわれています。それは、アキレウスの母テティスの計らいでした。

テティスは、アキレウスがトロイア戦争に加わり戦死するという運命を知っていました。そこで、アキレウスを女として育て、ギリシア軍に連れていかれないように隠したのでした。

トロイア戦争のはじまり

スパルタの王テュンダレオスにはクリュタイムネストラとヘレネという二人の娘がいました。ミュケナイの王アガメムノンは、クリュタイムネストラを王妃に迎えました。また、アガメムノンは弟のメネラオスがヘレネを妻に迎えることができるようにと、テュンダレオス王に要請していました。ヘレネにはギリシア中の英雄たちが求婚していました。

彼らは誰かがヘレネと結ばれても恨んだりはせず、その結婚が成就するように手助けするという約束を結んでいました。

ところが、トロイアの王子パリスにヘレネが奪いさられるという事態が起き、アガメムノンは「これは全ギリシアの受けた恥辱である。トロイアに遠征してこの恨みを晴らしヘレネを奪い返すのだ」と決心します。アガメムノンは自ら総指揮官としてギリシア軍を率いることにしました。アガメムノンのトロイア遠征には、ヘレネに求婚していた英雄たちをはじめ、隣国の王やその国の英雄たちが加わることになりました。

その中の一人オデュッセウスが、アキレウスをギリシア軍に連れてくる役目を与えられ、スキュロス島にやってきました。女装をしていたアキレウスですが、オデュッセウスには通用せず、ギリシア軍に加わることになり、トロイアでの戦闘の火蓋が切られました。

アガメムノンとの確執

ギリシア軍は、勇猛なトロイア軍と戦いましたが、まとまりがあったとはいえませんでした。しょせんはよせ集めの軍です。アキレウスも戦いに集中できませんでした。従軍し

た彼には総指揮官のアガメムノンとの確執が待っていました。

ギリシア軍総指揮官のアガメムノンは、クリュセイスというアポロンの神官の娘を捕らえて妾にしました。そこで、クリュセイスの父であるアポロンの神官は、アポロンに祈りを捧げ、娘が帰るまでギリシア軍に疫病がはやるようにしました。疫病が発生して九日目にアガメムノンは、しぶしぶクリュセイスを返しました。しかし、腹の虫がおさまらないアガメムノンはアキレウスが略奪して妾にしていたブリセイスという娘を奪います。アキレウスはアガメムノンのこの仕打ちに怒り、戦いから身を退いてしまいます。

こうしてアキレウスを失ったギリシア軍は苦戦を強いられることになるのでした。

親友パトロクロスの死

アキレウスにはパトロクロスという親友がいました。パトロクロスはアキレウスの父ペレウス王に昔救われたことがありました。そこで、アキレウスがトロイア戦争に参加することになったときに、彼を助け護るために自分もトロイア戦争に参加したのでした。

アキレウスがアガメムノンとのいざこざから戦線を退いたときに、パトロクロスもいったんは戦線から身を退きますが、味方の苦戦を見かねて再び戦いに出ていく決心をします。このときパトロクロスは親友アキレウスの鎧や武具を借りていきます。

パトロクロスの働きはめざましく、ギリシア戦陣に迫るトロイア軍を追い散らし、トロイア城へと進軍します。この時点でアキレウスはパトロクロスに陣へ戻るようにいいますが、勢いづいたパトロクロスはさらにトロイアの城へと攻め込もうとしました。

しかし、パトロクロスが城壁に迫ったとき、トロイアの総指揮官ヘクトルの槍が彼の胸を突き刺すのでした。

パトロクロスの死を知ったアキレウスは怒りに燃え、トロイア軍への復讐を誓って再び戦線へと向かいました。

ヘクトルとの対決

アキレウスは鍛冶の神ヘパイストスの造った鎧に身を固め、トロイア軍めがけて攻め込みました。トロイア軍はじりじりと城の中へ追い込まれます。しかし、ただ一人退かない武将がいました。トロイアの総指揮官ヘクトルでした。いよいよヘクトルとアキレウスの一騎討ちとなりました。アキレウスの勢いはものすごく、ヘクトルは城のまわりを逃げてまわることになります。こうして、ついにはヘクトルはアキレウスに斬り殺されてしまいます。アキレウスの恨みはそれだけではおさまらず、ヘクトルの亡骸を戦車で引きずってパトロクロスの墓のまわりをまわり、友に仇を討ったことを告げるのでした。ヘクトルの父であるトロイア王は息子の亡骸を返してくれるように懇願しますが、アキレウスはなんとしても聞き入れませんでした。しかし、アキレウスの母テティスはアキレウスをさとし、亡骸をトロイア軍に引き渡すことを納得させました。

アキレウスの最期

ヘクトルの死後すぐにアキレウスも死ぬ運命にありました。ヘクトルを殺し三日がたっていました。ヘクトルの弟パリスは、アキレウスの唯一の弱点かかとの上を矢で射たのでした。

こうしてギリシア最強の英雄アキレウスは亡くなりました。かれの亡骸は火葬にふされ、親友パトロクロスの遺骨と一緒に、海を見おろす墓に葬られました。

アキレウス・ガイド

一　ヘクトル

ヘクトルはトロイアの第一王子で、トロイア戦争の種を作った王子パリスの兄[*二]にあたります。

トロイア戦争がはじまるとヘクトルは、老王プリアモスにかわって総指揮官として軍を率います。雄々しく、勇敢なヘクトルは、トロイア軍中随一の剛者で、トロイアの人々が心から愛した英雄でした。

彼は優しく愛情の深い人間であり、愛妻アンドロマケや息子アステュアナクスを心から愛し慈しんでいました。また、パリスがスパルタのヘレネを奪ったときにも、これを責め、すぐにスパルタへ返すように進言し、ギリシアとの戦争をなんとかくい止めようと努力した、節度のある聡明な人物でした。

トロイア戦争は、ヘクトルの努力にも関わらず勃発してしまいますが、一旦戦いがはじまったとなると、ヘクトルは総指揮官として陣頭に立ち勇敢に戦うのでした。ヘクトルの指揮した総攻撃にギリシア軍は何度も追いつめられますが、やがて形勢は逆転しトロイア軍は城内へと追い込まれます。しかし、ヘクトルは「この戦で自分の指揮のもとたくさんのトロイアの人々が死んでいった。この期に及んでおめおめ城の中へと逃げ込むことはできない」といって決して城内へは逃げ込まず、アキレウスに追われながら城壁を四周し、ついに力尽き討たれるのでした。

二　アガメムノン

アガメムノンは、アキレウスの物語で彼に対立する人物として登場しますが、そのほかにも娘イピゲネイアをいけにえに捧げた話でも有名な人物です。

アガメムノンは、トロイアへの遠征軍をアウリスの地に結集しました。いざ出帆というとき、逆風を受けて船がなかなか出帆できませんでした。予言者によると、これはアガメムノンがアルテミスの怒りをかっているためだということでした。無事船が出帆するには、アガメムノンの娘イピゲネイアをいけにえにしなければなりませんでした。

アガメムノンは非情にもイピゲネイアをいけにえに捧げる決心をします。故郷ミュケナイからイピゲネイアを呼びよせるために、娘はギリシア一の英雄アキレウスと婚約させたといって妻のクリュタイムネストラを欺き、イピゲネイアをアウリスへ呼びよせたのでした。

こうしてイピゲネイアはいけにえとされ、ギリシア軍を乗せた船は出帆し、トロイア戦争がはじまりました。

トロイア陥落後、アガメムノンは十年ぶりにミュケナイに戻ります。しかし、彼を待っていたのは不倫をしていた妻と、その情夫アイギストスの計略でした。宴の席で、アガメムノンは二人に殺されてしまいます。しかし、この後アガメムノンの息子オレステスが父の仇を討ちます。このあたりの話は、ギリシア悲劇として残っています。

三　トロイアの発掘とシュリーマン

ハインリッヒ・シュリーマンは、トロイア文明およびミュケナイ文明の発見者として有名です。

シュリーマンは、一八二二年ドイツの貧しい牧師の息子に生まれました。もの心つくころから、シュリーマン少年は父親から聞くトロイア炎上の話や、ホメーロスの『イーリアス』『オデュッセイア』の物語に夢中でした。そして、彼はトロイアの存在を信じ、発掘に命をかける決心をします。彼はまず財産作りからはじめました。苦労したかいがあり大商人となったシュリーマンは、今度は語学の勉強にはげみます。そして五十歳になろうとしていたころ、いよいよ遺跡の発掘にとりかかったのです。努力の末、トロイアの遺跡を発掘し、物語にあったトロイアが実在したことを立証したのでした。シュリーマンは、トロイア発掘後も、ミュケナイ、ティリュンス、オルコメノスと発掘を続け、ミュケナイ文明を発見しました。

＊一　二百三十二ページの脚注＊一を参照。
＊二　弟という説もあります。

ギリシア叙事詩の英雄——二

オデュッセウス

Odysseus

オデュッセウスは、イタケ[*一]の王子で、トロイア戦争に参加し、木馬を使ってトロイア軍を欺く作戦を考え出した策略家です。彼はまた雄弁家でもありました。『オデュッセイア』に語られるように、勇敢で幾多の冒険を乗り越えた英雄ではありますが、彼のもつその狡猾さ、残忍さは、どちらかというと単純でひたむきであるほかの英雄たちとくらべると、かなり異なった性格をもつ人物といえます。

『オデュッセイア』は、オデュッセウスを主人公にした叙事詩で、トロイア戦争後、トロイアから故郷イタケへ帰るまでの十年という長い年月にわたる冒険の旅と、イタケに帰還してからの冒険が語られています。

オデュッセウスの結婚

オデュッセウスは、ほかのギリシアの英雄たちと同様にスパルタ王の娘ヘレネに求婚していましたが、同時に王の兄弟イカリオスの娘ペネロペにも目をつけていました。

ほかの英雄たちは、ヘレネにたくさんの貢ぎ物を届けましたが、財力のないオデュッセウスは、贈物をしてもかなわないとはじめから見切りをつけ、贈物はいっさい贈らないことにしました。そのかわりに、ヘレネの父テュンダレオス王をそそのかし、求婚者全員に、誰がヘレネと結婚しても争いを起こさないこと、さらにその婚約者の権利をみんなで守ることを誓わせたのです。そのため、ヘレネの婚約者がメネラオスに決まったときも争いは起こらず、ヘレネがトロイアのパリスに奪われたときには、ギリシアの英雄たちが総がかりでヘレネ奪回に立ちあがったのでした。

この礼にテュンダレオス王は、オデュッセウスとペネロペの結婚についてイカリオスにくちぞえしたのでした。これこそオデュッセウスの本当の狙いだったのです。

オデュッセウスは、計算どおりペネロペと結婚しました。ペネロペの父イカリオスは、娘を手放したがらず、スパルタで三人でいっしょに暮らそうといいましたが、オデュッセウスはこれを聞きいれませんでした。妻のペネロペには、自分と父のどちらを選ぶのかと言及しました。ペネロペは黙ってベールで顔を隠し、夫に従うことを示したのでした。

パラメデスへの恨み

ヘレネをトロイアの王子パリスに奪われたギリシアの王子たち、英雄たちは、トロイアを攻めるために集結しました。武将を集めるための使いがイタケ王となっていたオデュッセウスのもとにもやってきました。

しかし、戦争にいく気のないオデュッセウスは、なんとかまぬがれようと、気が狂ったふりをしました。畑に砂と塩をまき、それを耕してみせたのです。しかし、使者としてやってきていたパラメデスはオデュッセウスの嘘を見抜き、まだ赤ん坊のオデュッセウスの息子を畑に置いて、オデュッセウスが赤ん坊の上に鋤を打ちおろすかどうか試しました。さすがのオデュッセウスも自分の息子の上には鋤をおろせなかったのです。嘘が露見したオデュッセウスは、結局トロイアへの軍に加わることになりました。

オデュッセウスはこのことを後々まで恨み、トロイアに着くとパラメデスを罠にはめます。パラメデスは無実の罪で石打ちの刑に処せられてしまったのでした。

トロイアの木馬

トロイア戦争は壮絶を極め、ギリシア軍は最強の戦士といわれたアキレウスを失いますが、トロイア軍も総指揮官ヘクトルを討たれてしまいます。

ここで、トロイア陥落まであと一歩と迫りながらも、ギリシア軍は足踏み状態となって

いました。
　そんなとき、オデュッセウスが思いもよらないような計略を考えつきました。大きな木馬を作ってその中に兵を隠しておき、トロイア城を囲んでいる兵を退かせるのです。あとの兵は船に乗せてギリシアへ戻るようにみせかけたのでした。

　トロイアの兵たちは、包囲が解かれると門を開けて外へ出てきました。見るとギリシアの艦隊は海の彼方へと去っていきます。トロイア兵たちは勝利のときがきたのだと、喜びあいました。そして、ギリシア軍が残していった大きな木馬を城壁内へ引き入れたのです。木馬には「アテナに捧ぐ」と書き記されていたため、トロイア兵たちはギリシア軍が女神アテナへの捧げ物として置いていったのだろうと考えたのでした。

夜になりました。トロイアの兵たちは勝利の酒に酔いつぶれて、皆寝静まっています。そのとき木馬の中からギリシア兵が飛び出てきました。彼らは門を開き、外に隠れていた味方の軍勢を引き入れ、トロイア兵に襲いかかりました。城には火がかけられ、ついにトロイアは陥落したのでした。

帰還の旅

トロイアが陥落し、ギリシア軍が故郷へ引きあげるときがきました。オデュッセウスも故郷イタケに向かって出帆しますが、彼の帰還の旅は、なんと十年もかかることになるのです。その間には巨人や怪物、魔女との戦いなど数々の冒険がありました。これが『オデュッセイア』で語られている物語です。

一．蓮食い人の国

オデュッセウスの船は暴風雨にあい、何日間か海をさまよいました。漂流の末、たどり着いたのは蓮を食べる人たちの住む国でした。この蓮は、食べるとなにもかも忘れてしまい、幸せな気持ちになっていつまでもここに留まりたいという気になってしまう不思議な食べ物でした。この国の人々にもてなされた家来の何人かは、蓮を食べてしまいました。彼らはイタケに帰ることなどすっかり忘れて、なんとしてもここに留まるといい出しました。オデュッセウスは、彼らを力ずくで船に連れ帰り、しばりつけて出帆したのでした。

二．キュクロプスの国

キュクロプスは一つ目の巨人でした。オデュッセウスら一行は、そうとは知らずにキュクロプスの国へ上陸します。彼らは、食べ物を探して歩きまわるうち、キュクロプスの住む洞窟へと入ってしまい、キュクロプスに捕まってしまったのです。

彼らは、食事時になると二人ずつ食われていきました。オデュッセウスは、うまくキュクロプスのご機嫌をとりながら、しぶとく生き残っていたのでした。なんとかキュクロプスをやっつけようと考えたオデュッセウスは、酒で酔わせたすきに、棍棒の先をとがらせて火で焼き、見張りの目を突き刺しました。

翌朝オデュッセウスと生き残った家来たちは、キュクロプスが飼っていた羊にまぎれて抜け出し、ようやく船出することができました。

三．アイオロスの島

次に船が着いたのは、風の神アイオロスの島でした。アイオロスはオデュッセウスを歓待し、土産に風の入った袋を渡しました。この袋を開くと風が吹き、船はみるみるうちに進んでいきました。ところがあるとき、オデュッセウスが眠っているときに、水夫たちがこの袋を金貨の詰まった袋と勘違いし、口を開けてしまいました。船はあっという間にアイオロスの島へ逆戻りしてしまったのでした。

四．キルケの島

次にやってきたのは魔女のキルケの棲む島アイアイエでした。オデュッセウスは家来を偵察にいかせました。すると、彼らは皆キルケの魔術で豚にされてしまいました。たった一人魔術をまぬがれた家来が戻ってきて、オデュッセウスにことの次第を話しました。それを聞いたオデュッセウスは、自分が出かけることにしました。途中で、オデュッセウスは彼に助勢しにきたヘルメスに出会います。ヘルメスはオデュッセウスにキルケの魔術を払う薬草をくれました。そのおかげでオデュッセウスはキルケたちを降伏させ、仲間をもとの姿に戻すことができました。また、キルケたちはこの後オデュッセウスを歓待したので、オデュッセウスもこの島を立ち去りがたく、ついに一年間も滞在したということです。

五．セイレン

キルケたちはオデュッセウスが島を出るときに、セイレン[*二]の島に近づいたときには、彼女たちの歌声を聞かないようにと忠告しました。歌声を聞いた船乗りは、その美しい響きに惑わされ海に飛び込んだり、船を難破させたりすることになるのでした。

オデュッセウスは、乗組員全員の耳に蝋をつめさせ、自らも蝋で耳をふさいだ末、体をマストにしばりつけさせました。これはキルケたちが教えたセイレンに対する対策でした。そのおかげで、オデュッセウスの船は歌声に惑わされることなく、セイレンの島を通過していきました。

六．スキュラとカリュブディス

キルケたちはセイレンについてだけではなく、スキュラとカリュブディスについても忠告してくれました。

スキュラは三重に歯のはえた口がある六つの頭をもち、十二本の足で歩く海の怪物で、カリュブディスの渦潮がある海峡に面した絶壁の上の洞窟に棲んでいました。スキュラは近くを通る船があると、長い首を伸ばして水夫たちを捕まえて食ってしまうということでした。また、カリュブディスの渦潮というのは、一日に三回海水を吸い込み、同じく三回吹き出して、通る船を難破させる恐ろしい渦の怪物でした。

オデュッセウスは細心の注意を払って、カリュブディスの渦を通過しましたが、スキュラには見つかってしまい、乗組員が六人もスキュラの凶暴な頭の餌食になってしまいました。

七．カリュプソ

しばらく航海するうちにオデュッセウスの船は嵐のため難破し、海のニンフ、カリュプソの住むオギュギア島に漂着しました。

カリュプソは美しいニンフでした。彼女はたいそう手厚くもてなしてくれ、オデュッセウスたちは楽しい日々を過ごしました。ときはあっという間に流れ、七年の歳月が過ぎました。この間にオデュッセウスを愛してしまったカリュプソは、不死身の体にしてあげるからどうかここから去らないでくれと懇願しました。けれどもオデュッセウスは、そろそろ妻子のいる故郷イタケに戻りたくなっていたのでした。

悩んだオデュッセウスは毎日浜で泣き暮らすようになりました。これを見た天のゼウスは、ヘルメスを遣わしてカリュプソを説得し、オデュッセウスを帰してやることにしました。はじめは首を縦に振らなかったカリュプソもついには承知し、オデュッセウスにいかだの作り方を教えて帰り支度を手伝うのでした。

八．パイアケス人とナウシカ

いかだに乗ったオデュッセウスは、途中でポセイドンの起こした嵐で再び転覆し、海に流されパイアケス人たちの住む島にたどり着きました。

森の中で体を休めていたオデュッセウスは女たちのにぎやかな声を聞きました。それはパイアケス人の王の娘ナウシカと侍女たちでした。身ぐるみはがされて漂着したオデュッセウスに食べ物と服を与えたナウシカは、宮殿に招きました。

宮殿に招かれたオデュッセウスは、競技会でめざましい活躍をしました。そして晩餐会で自分の身分をあかすと、トロイア戦争やその後の出来事を語ったのです。王や王妃、王女ナウシカはもちろん、宮殿内の人々は皆口々にオデュッセウスをほめたたえ、苦労の数々をねぎらいました。

王から船と水夫を与えられたオデュッセウスは、いよいよイタケへの最後の航海に出帆したのでした。

妻ペネロペの求婚者

オデュッセウスがイタケに帰ってみると、留守にしていた二十年の間に宮殿の様子はすっかり変わっていました。トロイア戦争が終わって十年たっても帰らないオデュッセウスは、死んだものとされていたのです。妻である王妃ペネロペには百人を超える求婚者が現れていました。彼らは宮殿で傍若無人な暮らしぶりをしていました。

オデュッセウスは乞食に変装して、忠実な家来であったエウマイオスの家を訪ねました。正体を隠した彼は、トロイア戦争にいったクレタ人として、これからの力添えを頼んだのです。やがて息子テレマコスとも再会し、いよいよ宮殿に乗り込むことになりました。このときも、オデュッセウスはまだ乞食の格好でとおしていました。

乞食のなりをしたオデュッセウスは、宮殿の中で求婚者たちに物乞いをしてまわります。そのうちに、ペネロペが求婚者の中からいよいよ夫を選ぶと発表します。それは、一列に並んだ十二の輪を一本の矢で射抜くことができた者を夫と定めるということでした。何人もの求婚者たちが競技に挑戦しましたが、輪を射通すことはできません。そこで、オデュッセウスが「この乞食にも試させてくださいませ」と進み出ました。求婚者たちは、乞食などにはやらせられないといいましたが、テレマコスのくちぞえにより、オデュッセウスは弓を引くことになりました。

オデュッセウスは強弓を難なく引き絞り、見事十二の輪を貫きます。これを合図に息子のテレマコスや、すでに身分をあかしてあった家来のエウマイオスが剣を抜き、求婚者たちを皆殺しにすると、オデュッセウスはペネロペの前に本当の姿を現したのでした。

こうして王位を取り戻したオデュッセウスは、妻ペネロペと息子テレマコスとともに暮らしました。

オデュッセウス・ガイド

オデュッセウスは、知略にすぐれていましたが、弁舌にもたけていたことを物語る次のようなエピソードがあります。

一　アイアス

アキレウスの死後、その鎧を誰が譲り受けるかということでオデュッセウスは、アイアスという武将と争います。

アキレウスに次ぐ戦士といわれたアイアスは、サラミスの王子で、父王の友人であったヘラクレスによって〝鷲（アイエトス）〟にちなんで〝アイアス〟と名づけられていました。彼は、巨大な岩を小石のように投げられるほどの大男でした。その手にもつ槍は、船のマストから仕立てられたもので、楯は塔ほどもある大きな8字型のものだったといわれています。しかし、口数の少ない愚直ともいえる人柄で、心優しい戦士でした。胸当てもつけず大股で戦場を駆けまわる勇ましい姿は、さながら軍神アレスのようでした。

アイアスもヘレネに求婚していたので、トロイア戦争に参戦し、敵の大将ヘクトルと一騎討ちをしました。この勝負は、たいそう激しく長く続きましたが結局引き分けとなりました。二人は互いに敬意を表し、アイアスは剣帯を、ヘクトルは剣を贈って引きあげました。

さて、アキレウスが死んだとき、オデュッセウスがおとりになって敵を引きつけ、その間にアイアスがアキレウスの亡骸をギリシア陣内へ運び込みました。そこで、いずれもが自分にアキレウスの鎧をもらい受ける権利があると主張したのです。

結局、投票が行われることになりました。結局多くの武将を説得したオデュッセウスが勝利をおさめ、鎧を授かることになりました。敵の大将と引き分けるほどの実力をもっているアイアス以上に票を得たことから、オデュッセウスがいかに巧みに説得したかがわかるでしょう。

この結果に激怒して血迷ったアイアスは、夜の闇に紛れてギリシア軍の陣営を襲おうとしました。しかし、ギリシア軍の味方をしていたアテナがアイアスの気を狂わせたため、彼はギリシア軍と間違えて羊を殺しました。翌朝、正気に戻ったアイアスは、自分のしでかしたことの恥ずかしさに耐えきれず、敵将ヘクトルから贈られた剣で自害して果てました。

なお、別の説には、オデュッセウスが鎧を授かったのを見て激怒したアイアスは、このまま狂って味方を殺すようなことになっては恥だと、自ら死を選んだともいわれています。

ところで、ギリシアには、もう一人アイアスという名前の武将が登場します。このアイアスはサラミスのアイアスにくらべるとまったく小さい体をしていたので〝小アイアス〟とも呼ばれています。彼は、たいへん足が速く、槍投げが得意でした。

サラミスのアイアスと、この小アイアスは、ともにトロイア戦争で大活躍しますが、小アイアスの方は性格が傲慢であったため、アテナの怒りをかいました。彼の傲慢不遜な性格は生涯変わらず、トロイア戦争後も神々を怒らせるようなことをしたため、ゼウスらに罰せられ、最後にはポセイドンの落とした雷で死ぬことになります。

アイアスという名前は、悲惨な最後を遂げる運命にあるようです。

二　スキュラ

オデュッセウスの船の水夫を襲ったスキュラは、もとは美しい海のニンフでした。あるとき、海に遊びに出たスキュラは、海の神グラウコスにみそめられました。グラウコスはもとは漁夫でしたが、魚に不死の命を与える薬草を発見し、自分も食べてしまいます。すると彼には尾ひれがはえ、魚になってしまいました。これを海神ポセイドンが海の神の一人として取り立て、魚の傷をいやす役目を与えていたのです。

スキュラはいい寄ってくるグラウコスをはっきりと拒絶しました。グラウコスは、なんとかスキュラの心をつかみたいと、魔女のキルケのところへ相談に出かけます。キルケはグラウコスに「あなたの心を拒む者のことなど忘れて、あなたを求める者を愛しなさい」と諭しますが、グラウコスはこれを聞き入れませんでした。実はキルケこそグラウコスを恋する者だったのです。グラウコスの態度を怒ったキルケは、憎いスキュラを見るも恐ろしい姿に変えてしまいました。

それ以来スキュラは、三重の歯がはえた口がある六つの頭と、十二本の足をもち、胴のまわりには吠える犬の頭がついた怪物になってしまったのです。

＊一　百九十五ページの地図を参照。

＊二　二百四十一ページのオルペウス・ガイドを参照。

ローマ叙事詩の英雄

アエネアス

Aeneas

アエネアス（ギリシア語読みでアイネイアス）は、トロイア軍の中で、総司令官のヘクトルに次いで強かった戦士です。母は美の女神ウェヌス（アプロディテ）、父はトロイアの王族の一人アンキセスでした。彼はトロイア陥落後、父を背負いイタリアへと逃れ、新しい国を建国します。このイタリアへの旅での数々の冒険とローマ建国の物語は、ローマの詩人ウェルギリウスが書いた叙事詩『アエネイス』に描かれています。

これまでご紹介してきた英雄たちはギリシア叙事詩の英雄でしたが、アエネアスはギリシア叙事詩だけではなく、ローマ叙事詩の英雄という要素がこいので、ここに登場する人名（神名）の表記はイタリア語読みにしています。

トロイアからの脱出

木馬から飛びだしてきたギリシア兵に不意をつかれ、トロイア兵はひとたまりもなく殺されていきました。歓喜につつまれていた町は、一転して殺りくと略奪の場へと変わっていきます。

ヘクトル亡き後はトロイア随一の武将であったアエネアスも、炎につつまれる城から身内のものや少数の家来を引き連れ落ちのびるしかありませんでした。アエネアスは足の悪い父アンキセスを背負い、幼い息子の手を引き走ります。妻のクレウサは彼のすぐ後ろを駆けていましたが、煙が立ちこめ火の粉の降る町を抜けるときにはぐれてしまいました。アエネアスはすぐに妻を探しましたが、右往左往する人の群れに見つけ出すことができません。気も狂わんばかりに町をさまよっているとき、妻の亡霊が彼の目の前に現れて、「どうか私を探さないで下さい。お父さまや息子を連れて早くこのトロイアを離れて下さい」と懇願しました。アエネアスは後ろ髪を引かれる思いでしたが、妻への思いを振り切り故郷のイダ山へ向かいました。

イダ山には、アエネアス一家とその家来のほかにもたくさんのトロイアの人々が落ちのびてきていました。彼らは皆アエネアスをリーダーとすることに賛成し、海へと逃れるために船を建造することにしました。船は半年近くかかってやっとできあがりました。この船に乗り込み、一同はいくあてのない航海に出帆していきました。

トラキア上陸

アエネアスはとりあえずトラキアにいってみようと思い立ちました。トラキアにはトロイア王の末息子ポリュドロスが戦を避けてトラキアの王に預けられているはずでした。

トラキアに上陸したアエネアスは、近くにはえている木の枝を折りました。すると木から血が流れて悲鳴が聞こえました。驚いたアエネアスに、地の底から声が聞こえました。その声の主はポリュドロスでした。彼はトロイアを出るときに父のプリアモス王がもたせてくれた財宝のためにトラキア王に殺され、その木のはえている所に埋められていたのでした。地面からの声は、アエネアスにここは呪われた土地だから住むには適さないと警告しました。そこで、アエネアスらは、トラキアをあきらめて再び海へと乗りだしていきました。

アポロンの神託

アエネアスは船がデロス島に来たときに、この島へ立ち寄ってアポロンの神託を聞くことにしました。この島はアポロンとアルテミスが生まれた島でした。

神託によると、「古き母を探し、そこに住め」ということでした。〝古き母〟というのがどこなのかアエネアスらは討議しました。アエネアスの父アンキセスは、それは自分たちの祖先が昔住んでいたクレタ島に違いないといい出しました。皆その意見に賛同し、アエネアスらはクレタ島へと旅立ちました。

クレタ島に着くと、一行は定住の準備をはじめ、畑を作り耕しました。しかし、飢饉にみまわれてしまいます。そのときアエネアスの夢にお告げがありました。アポロンの神託にあった〝古き母〟とはクレタ島ではなく、ヘスペリア（現在のイタリア）のことだと夢のお告げはいいました。ヘスペリアは、トロイア民族の祖先がもといた土地でした。

こうしてヘスペリアを目指して、アエネアスたちの航海がまたはじまりました。

怪鳥ハルピュイア

船が嵐にあいストロパデス島という所に流れ着きました。ここには怪鳥ハルピュイアが住んでいました。ハルピュイアは女の首をもつ鳥で、アルゴ号[*1]の航海の物語では北風の息子たちゼテスとカライス兄弟に追われどこかへ飛びさったとされています。

アエネアスたちは島に上陸すると、食卓を整えて食事をしようとしました。するとそのときハルピュイアたちが空を覆うように現れ、次々に食卓の肉をさらっていきました。アエネアスらは剣を抜いてハルピュイアを追い散らそうとしましたが、ハルピュイアの体は

鋼のように硬く、歯が立ちません。しかし、ハルピュイアもアエネアスの攻撃にいらだち「ひもじさに食卓をかじるような体験をするまでは、決して新しい国に出会うことはない」とアエネアスたちの前途が多難であることを予言して飛びさっていきました。

この後一行は、シシリア島に立ち寄ります。この地でアエネアスの父アンキセスは生涯を閉じました。

アフリカに着く

アエネアスたちはアフリカのある港に着きました。ここではディドという女王が新しい国（後のカルタゴ）を建国しようとしていました。ディドはアエネアスらをたいへん歓迎しました。

宴が連夜催されました。アエネアスはトロイア戦争での武勇譚やトロイア陥落後自分たちが乗り越えてきた数々の冒険をディドに話して聞かせました。競技大会も開かれました。トロイアの人々も、土地の人々とともに競技を楽しみました。こうして両方の人々が親しくなり、いつのまにか女王ディドもアエネアスを恋するようになっていました。アエネアスもこのままここでディドを妻とし、この新しい国を治めるのもまたよいかもしれないと思うようになりました。

しかし、これを見たユピテル（ゼウス）はメルクリウス（ヘルメス）をアエネアスのもとに遣わし、〝古き母〟であるヘスペリアへ一日も早く到着し、新しいトロイア人の国を建国せよとはげましました。

アエネアスは自分に課せられた使命を思い起こし、結婚を迫るディドを振り切り、再び船出の用意をしました。

アエネアスら一行を乗せた船が港を出ていくとき、はるか町のあたりから煙が上がるのが見えました。その煙はアエネアスに捨てられ自害したディドを焼く煙でした。

女予言者シビュレと〝黄金の枝〟

アエネアスの船はとうとうヘスペリアに着きました。一行は喜びにわきたち新しい土地へ上陸しました。

野営の準備をしている一行を残し、アエネアスは黄泉の国への道案内を頼むために、シビュレという女予言者に会いにいきました。ここに着く前に、アエネアスは夢の中で父アンキセスに会いました。アンキセスは、これからの一族の運命と新しく建国する国の運命について話したいから自分のいる黄泉の国に来てほしいと告げたのでした。

シビュレはアエネアスにアウェルヌス湖のほとりの森にある〝黄金の枝〟を探してくる

ようにいいます。〝黄金の枝〟を見つけるのにはアエネアスの母ウェヌスが手助けしました。ウェヌスは鳩を飛ばしてアエネアスを〝黄金の枝〟のあるところまで導いたのです。こうして〝黄金の枝〟を手にいれたアエネアスはシビュレのもとに戻り、二人は〝黄金の枝〟をお守りにして黄泉の国へと向かいました。

黄泉の国

黄泉の国へいった英雄の話では、アルゴ号の乗組員の一人、音楽家のオルペウス[*二]が妻エウリュディケを連れ戻しにいった話と、テセウス[*三]が黄泉の国へいき忘却の椅子に座ってヘラクレスに助けられた話、そしてこのアエネアスの話があります。トマス・ブルフィンチの『ギリシア・ローマ神話』（野上弥生子訳）には、アエネアスの黄泉の国行のところで、黄泉の国の様子が細かく記されています。それによれば、黄泉の国の入口付近では火山質の土壌であたり一面亀裂が入り、そこから硫黄色の焔が立ち昇っていたとされています。

黄泉の国の入口は洞穴になっていてそこをずんずんと降りていくと、アエネアスとシビュレはさまざまな亡霊に出会います。この亡霊たちは、「悲嘆」「恐怖」「飢餓」「不安」といった人間の不幸のもとになる者たちでした。彼らの次に会ったのは復讐の女神、不和の女神、百本の腕をもつ巨人ブリアレオス、首はライオン胴体は牝山羊、尻尾は蛇という怪物キマイラなどでした。彼らに立ち向かおうとするアエネアスを制して、シビュレは先を急ぎました。

ついに二人は黄泉の国への渡し守カロン[*四]に出会います。カロンは「生きているお前たちがどうして黄泉の国へといくのだ」といって二人を渡し船に乗せようとしませんが、シビュレが例の黄金の枝をカロンに渡すと、カロンはすぐに彼らを船に乗せてくれました。

いよいよ黄泉の国の門を入ろうとしたとき、番犬のケルベロス[*五]が襲いかかってきました。しかし、ここでもシビュレが投げた眠り薬の入った菓子でケルベロスを眠らせ、二人は無事に門を通過することができました。

黄泉の国では、その死人たちが行状によって分けられていました。この死人を分ける役をしていたのはクレタ島の故ミノス王でした。死人たちは、幼くして死んでしまった者、ぬれぎぬを着せられて死んだ者、失恋のために自殺した者、戦争のために死んだ者などに分けられていました。失恋のために死んだ者たちの中には、アエネアスに捨てられて死んだアフリカの女王ディドもいました。彼女はアエネアスに気づきますが、なにもいわずに顔をそむけてしまいました。

アエネアスとシビュレはようやくアエネアスの父アンキセスに出会いました。アンキセスは人間がどのようにして創造されるのか、また死してその霊魂が清められ、再び人間の肉体を得て生まれ変わるという霊魂の転生について語りました。そしてアエネアスの一族がこれから幾多の出来事に遭い、やがては新しい国ローマを建設し、そのローマは世界の覇者となるであろうといいました。アエネアスは父アンキセスの話を聞き、自分たちの行く末に安堵し、父に別れを告げて再び人間界へと戻りました。

人間界に戻るとアエネアスは、シビュレに礼をいい仲間の待つ場所へと戻りました。

新天地での戦い

アエネアス一行は、ティベリス川の河畔に船を止めて、川岸で食事にすることにしました。一行は地面に座り食卓のかわりにパンを自分の膝において、その上に木の実などの食べ物をのせました。食べ物はすぐになくなり、最後に食卓がわりにしていたパンを食べました。かつてハルピュイアが「ひもじさに食卓をかじるような体験をするまでは、決して新しい国に出会うことはない」といったことを思い出したアエネアスは、ここここそが自分たちの新しい国なのだと知るのでした。

さて、この土地はラティヌスという王の治める土地でした。王にはラウィニア姫という美しい娘が一人いました。姫にはたくさんの隣国から求婚者がおしかけていました。中でもルトゥリアの王トゥルヌスはラティヌス王や王妃のお気に入りでした。しかし「姫は世界を従える運命をもつ異邦人の妻になる定めである」という神託がくだります。アエネアスたちがこの土地に来たのはそんなときでした。王はアエネアスこそ姫の夫となる男だと歓迎するのでした。

ところがアエネアスたちの順調な運命に横槍を入れる者が現れました。女神ユノ（ヘラ）です。ユノ[*六]はトロイア人たちを憎んでいました。そこで、ユノはトゥルヌスをそそのかし、アエネアスらと戦うように仕向けます。ラウィニア姫を奪われまいとトゥルヌスは兵を集め戦争の準備をはじめました。

一方アエネアスらもパラティヌスの丘に新しい町パランテウムを開いていたアルカディア人のエウアンドロス王に加勢を願いでます。加勢を得たアエネアスは見事トゥルヌスを破ります。

その後とローマ建国のこと

戦は終わり、アエネアスとラウィニア姫は結婚し、アエネアスはラウィニ人とトロイア人で作る新しい国ラウィニウムの王となりました。そして三十年の後、アエネアスの息子アスカニオスは、アルバ・ロンガ市を建設し、ここが首都になりました。アスカニオスはイウルスと名前を変えたといわれ、このイウルスは[*七]ユリウス・カエサルらユリア姓を名のる者の祖先とされています。そこからユリウス・カエサルはアエネアスの子孫であるといわれています。

それから数世紀ものときがたち、アエネアスがアルカディア人の王エウアンドロスを訪ねたパランテウムに、アエネアスの子孫ロムルスがローマを建国しました。

アエネアス・ガイド

一 パリスの審判とトロイア戦争

ユノ、アテナ、ウェヌスの三人の女神は、ペレウスとテティス（アキレウスの両親）の結婚式で、不和の種をまき散らす女神エリスの投げた黄金のリンゴを手にいれようと争いました。このリンゴを手にした者が最も美しいといわれていたのでした。ユピテルはこの裁きをトロイアの王子パリスに委ねました。三人の女神たちはそれぞれパリスに賄賂を約束します。ユノは全世界を、アテナは戦いにおけるすべての勝利を、そしてウェヌスは世界で一番美しい女性をパリスに与えようといいました。パリスはこの中からウェヌスの申し出を受け入れ、黄金のリンゴはウェヌスのものとなりました。これ以降ウェヌスはパリスを守護し、一方ユノとアテナはパリスを恨みトロイアを恨んでいたのでした。

さて、この黄金のリンゴはトロイア戦争を巻き起こす種になってしまいます。ウェヌスがパリスに約束した世界で一番美しい女性とはスパルタのヘレネ姫でした。ウェヌスの力添えでパリスはギリシアの英雄たちが求婚していたヘレネを奪ってくることができました。これに怒ったギリシアの英雄たちはアガメムノンを総指揮官としてトロイアと戦争をはじめることになるのでした。

二　デロス島

デロス島はさまざまなポリスからの貿易品が集まり繁栄した島です。この島ができた話として次のようなものがあります。

[*八]ティタン神族のアステリアはゼウスに追われたため、うずらに姿を変えて海に飛び込みました。すると、そこから島が浮きあがりました。この島は、はじめはアステリア島（またはうずらを意味するギリシア語の〝オルテュクス〟からとった〝オルテュギア島〟）と

いう名前でしたが、後にデロス島という名前になりました。

またデロス島は、アステリアの姉妹レトがゼウスとの子である双子のアポロンとアルテミスを産んだ場所です。

妊娠したとき、嫉妬に狂ったヘラによって国々を追われ、放浪の旅をしていたレトは、ゼウスの計らいで浮島だったデロス島に住むことができました。

三 ローマ神話とギリシア神話の関係

ギリシア神話とローマ神話には同じ神が登場し、同じような話が繰り広げられます。これは、ギリシア神話がローマに伝わって、ローマ人が古来からもっていた自分たちの神話をギリシア神話の中に含ませる形でいまに伝わるローマ神話を作りあげたからです。そのためローマ神話には、ギリシア神話になかった神々の話も含まれています。また、もちろん神々の名前はローマ風に変えられました。

こうして、ギリシア神話はローマを経て、ヨーロッパ全土へと広がっていったのです。

＊一　二百十七ページの「イアソン」のページを参照。
＊二　二百三十三ページの「オルペウス」のページを参照。

＊三　二百四十四ページの「テセウス」のページを参照。
＊四　二百三十三ページの「オルペウス」のページを参照。
＊五　二百三十三ページの「オルペウス」のページを参照。
＊六　二百九十九ページの「パリスの審判とトロイア戦争」の項を参照。
＊七　ジュリアス・シーザーのこと。ローマの将軍、政治家。
＊八　天の神ウラノスと地の神ガイアの間に生まれた神族。ゼウスの父クロノスもティタン神族ですが、ゼウスの治めるオリンポスの神々とティタン神族は敵対し、彼らはオリンポスの神々によって黄泉の国のさらに奥深くの地へ送られ幽閉されてしまいます。

Ⅲ

聖書の中の英雄たち

旧約聖書の中の英雄——一

モーセ

Moses

聖書の中にも、英雄と呼べる人たちが登場します。武器をとっての勇ましい戦いはしなくとも、その行い自体、英雄的と呼べる人たちです。

ここでは、聖書の中の英雄たちにスポットをあててみます。

モーセは、魔力（神の奇跡）をもって民を導いた人物です。辛抱強く民を導くその姿は、やはり英雄的であるといえるでしょう。

モーセは、旧約聖書の冒頭『創世記』の次に来る『出エジプト記』から『申命記』にまでおよぶ長い範囲での主人公です。

エジプト王の迫害とモーセ誕生

エジプトでは、ヨセフ[*一]の登場以来、しだいにイスラエルの民が増えていきました。これに脅威を感じたエジプトの王は、イスラエルの民に迫害を加えるのでした。

王は、あまりに増えすぎたイスラエルの民に対し、彼らが強大な権力をもつことを恐れて、強制労働を強いたのです。それればかりか、生まれてきた子が男なら、その場で殺すようにともいい渡しました。

しかし、さすがに神を恐れた助産婦たちによって、赤子の殺害は徹底されません。これを知った王は、さらにすべての民に対して、男の子が生まれたら、みなナイル川に捨てるように命令を出しました。

そんな情勢の中で、大きな運命を背負った一人の男の子が誕生しました。母親はこの子を川に流すことができず、パピルスで編んだ篭に入れ、葦の間にそっと置いて立ち去ったのです。折よくそこへ訪れたのが、身を清めにきた王の娘でした。葦の間から赤ん坊を見つけた王女は、連れ帰って育てることにしました。

月日が流れ、赤ん坊は大きく成長しました。王女はその子に〝モーセ〟と名づけました。

モーセ、神に会う

モーセはあるとき、強制労働中にエジプト人に痛めつけられているイスラエルの民を助けるため、エジプト人を殺してしまいます。ことの発覚を恐れたモーセはエジプトから逃げ出し、ミデヤン[*二]の地で司祭の娘と結婚しました。

ある日、モーセが羊を連れて、神の山ホレブ[*三]にいったときのことです。彼は燃えさかる柴の炎の中から「モーセ、モーセ」と呼ぶ声を耳にしました。それは誰あろう神の声だったのです。

神は、エジプトで苦しんでいるイスラエルの民を救い出し、〝乳[*四]と蜜の流れる地カナン〟へ連れていくようモーセに命じます。

突然民族を救えといわれても、モーセにはとても成し遂げる自信がありません。これに対し、神は、杖を蛇に変える魔力、一旦真っ白にした手を元に戻す魔力、ナイルの水を地に変える魔力を授けました。

それでもモーセは、弁舌の才のなさを理由に、まだ神の使いの役目を承知しません。そこで、神は弁のたつモーセの兄アロンを協力者としてつける約束をしました。ここに至り、ついにモーセは神の使者の役目を引き受けたのです。

エジプトへ向かったモーセとアロンは、神の言葉を伝えるとともに、神から与えられた力を示すことによって、イスラエルの民を導くことに成功しました。

神と王の交渉

イスラエルの民を導く身となったモーセとアロンは、エジプト王との会見に向かいました。

「イスラエルの民に三日の休みを与え、荒野に行くことをお許しください。そして、そこで我々の神のために祭りを執り行うことをお許しください。これは神のご命令なのです。」

しかし、王は働くことを逃れるために考えたたわごととしてこの申し出をはねつけ、イスラエルの民にこれまで以上の労働を課しました。困ったモーセとアロンは再び神にすがります。

神は、意のままを王に告げるように指示し、さらに王が信じるようにとモーセにいくつかの不思議な力を授けました。

モーセとアロンは、神のお告げにしたがいました。神が王に示した不思議な力とは次のものでした。

一．杖を投げるとそれが蛇に姿を変える。

二．杖でナイル川の水を血に変える。
三．エジプト中のいたるところを蛙で埋め尽くす。
四．杖で地の塵をぶよに変える。
五．エジプト中のいたるところにあぶの群れを送る。
六．疫病をはやらせエジプト人の家畜を全滅させる。
七．かまどのすすを、触れると腫れ物ができてしまう細かい塵に変える。
八．恐ろしく大きな雹を降らせる。
九．いなごを大発生させる。
十．エジプトを暗闇の世界にする。

それでも王はモーセの言葉を受け入れませんでした。

神は最後の手段として、エジプト中のすべての初子[*五]を殺すことにしました。ただし、イスラエルの民の初子だけはこの災いから逃れられるように、小羊の血を鴨居と入口の二本の柱に塗り、「家の中では殺[*六]した小羊の肉を焼いて、〝種入れぬパン〟とともに一晩のうちに食べよ」と告げたのです。これにより、エジプト人の初子だけが神の裁きを受けることになりました。

こうして神の災いを受けたエジプトの王は、ついにイスラエルの民が荒野に向かうことを許しました。

エジプト脱出

イスラエルの民を率いたモーセは、紅海に沿った荒野の道を進みました。昼は雲の柱、夜は火の柱となって神が彼らを導きました。

一方エジプト王は、ほとぼりが冷めるとイスラエルの民をみすみす逃がしてしまうのが惜しくなりました。彼らを捕まえ、再び自分のために働かせたいという欲求に抗しきれず、軍備を整えてイスラエルの民を追いはじめました。

エジプト軍が追いついてきたとき、モーセたちの前には海が広がっていました。とまどうモーセに神はこう告げます。

「杖を上げ、手を海の上に差し伸べよ」

モーセは神の言葉のままに手を差し伸べました。すると！海が二つに割れはじめたのです。海底の陸地が見えてきました。イスラエルの民は驚愕しながらも、海を渡って向こう側へと逃れました。ところが、これを追うエジプト軍も、

その陸地になだれこんで来ます。ここでモーセは再び手を差し伸べました。すると、二つに割れていた海が再び元に戻りはじめました。阿鼻叫喚の渦巻く中、エジプト軍は海に呑み込まれていきました。

エジプト軍から逃れた後も、モーセはさまざまな奇跡を見せながら、民を導いていきます。そして三カ月後、彼らはシナイの荒野へとたどりつきました。

十戒を授かる

シナイの荒野へ着いてから三日後、神はシナイ山に降りました。モーセを呼び、十戒をはじめとするさまざまな掟を授けます。モーセはこの掟を書き留め、神との契約の書としてイスラエルの民の元へもち帰りました。

そこにはイスラエルの民がカナンの地を神から授かることと、カナンで彼らが守るべき事柄が細かく規定されていました。彼らはこの契約を受け入れ、神に燔祭と酬恩祭[*七]を捧げたのでした。

金の子牛

あるときモーセは、神事を授かるためにシナイ山に登ったきり、降りてこなくなりまし

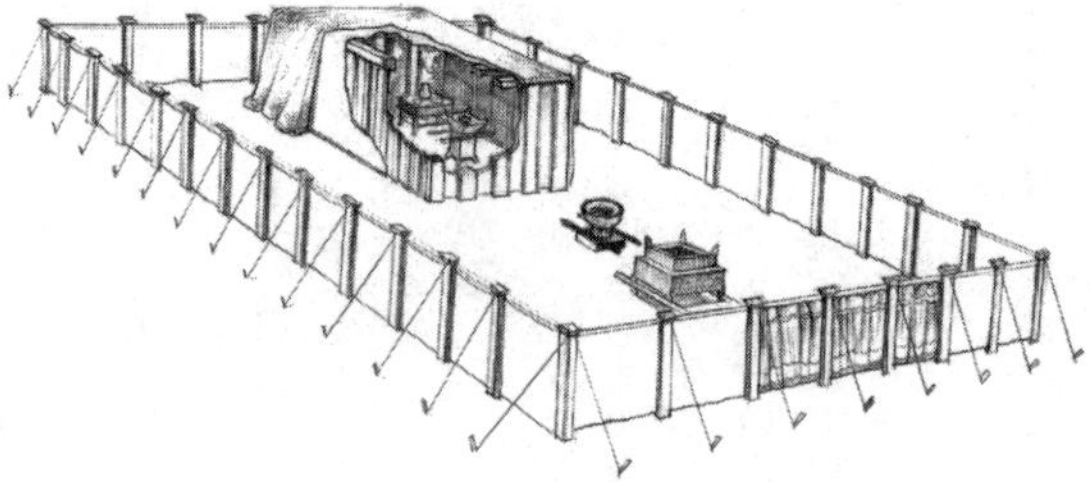

た。
モーセの帰りがあまり遅いので、不安になったイスラエルの民たちはアロンの元へ集まり、モーセが奉じている神とは別の神を造ってくれと頼みます。これを受けたアロンは、金の耳輪を集めさせ、これをもとに子牛の像を造りました。
よろこんだ人々はこの像を拝み、燔祭や酬恩祭を捧げ、飲み食いをしては騒いでいました。そこへ帰ってきたモーセは、人々の信心の浅さに腹をたて、金の子牛の像を砕いてしまったのです。
モーセは神に許しを請い、民に言葉をいただくため、いつでも神が降りられるようにと、〝会見の幕屋〟を造らせました。

神への不信

次の年、イスラエルの民はいよいよカナンを目指して旅立つことになりました。人々は雲が幕屋を離れたときに進み、雲が幕屋の上に留まっているときには宿営しました。

はじめは神を信じてついてきた人々も、旅が長引くにつれ、不平を申し立てだします。モーセは辛抱強く何度となく民を説得し、ときには神の奇跡をいただきながら、なんとかバランの荒野に到着しました。

約束の地カナンはもう目の前です。ここで神は、モーセにカナンの地を探るために人を派遣させました。偵察にいった者は「カナンの地は〝乳と蜜の流れる土地である〟が、土地の人々は強く、町は大きく堅固だった」と人々に伝えました。

人々は「カナンを攻略することは到底不可能だ。なぜエジプトを出てきたのだろう。こんなことならいっそエジプトへ戻ろう」などといい出しました。

これに対して、神はこれまでとは比べものにならない怒りを見せ、モーセにこう告げました。

「神への不信を申し立てた二十歳以上の者は皆死に絶えるであろう。そして、その子供たちも、四十年の歳月荒野で羊飼いとしてさまよい、死んだ者たちの不信の罪を償わなければならない。しかし、そうすれば彼らはカナンの地に入ることができるであろう。」

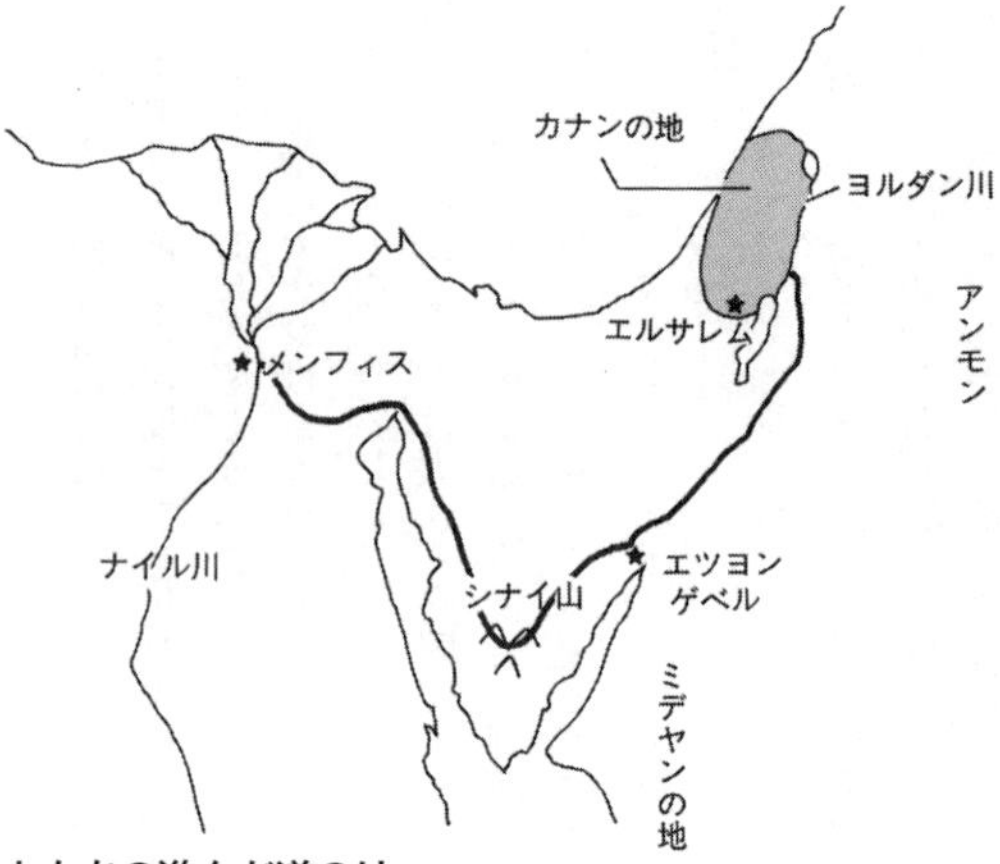

モーセたちの進んだ道のり

このとき、カナンの地を偵察にいった者のほとんどが死に、カナンへ入ることを許されたのは、カレブとヨシュアだけでした。

カナンへの旅はこうしてさらに四十年間続いたのでした。

この旅の途中、モーセ自身も神の怒りを受けることになりました。

水不足を嘆いた民のため、モーセが神に祈りました。神は「民を集め、杖で岩を打てば、水が出るであろう」と告げます。このとき神は、打つ前に岩に命じるようにいいましたが、モーセは岩に命じる前に杖で岩を打ちました。この不注意が、神の言葉を信じなかったためだと判断されたのです。神はモーセとアロンもカナンの地に足を踏み入れることができないだろうと予言するのでした。

モーセの死

カナンを目の前にしたとき、ついにモーセに最期の時がやってきます。イスラエルの民は四十年の放浪の後、モアブの地まで来ていました。モアブの地は、ヨルダン川をはさんでカナンの地の反対側にあたる場所です。このとき、モーセは百二十歳でした。

ここまで来たとき、モーセは自分の最期を悟り、人々に向かってこれまでの旅を振り返り、再び神との契約を、そして神への愛を説いて聞かせるのでした。

「汝は心をつくし、精神をつくし、力をつくして、汝の神、主を愛さなければならない。」(申命記　六・五)

モーセは神の命に従い、ヨシュアを〝会見の幕屋〟に呼びます。神はヨシュアにモーセの跡を継ぎ、人々をカナンへ導く役目を命じます。

「汝らは、わたしが、きょう、汝らに命じるこのすべての言葉を心におさめ、子供たちにもこの律法のすべての言葉を守り行うことを命じなければならない。…これは汝らのいのちである。」

この後モーセは、イスラエルの民に向かって祝福の言葉を述べ、ベネボ山に登りました。そこは、足を踏み込むことができない約束の地カナンが見おろせる場所でした。

モーセ・ガイド

一　約束の地カナン

『創世記』でアブラハムの子イサクの子ヤコブは、神から名を〝イスラエル〟と改名するように命じられます（創世記　三十五．十）。そして、カナンの地（現在のパレスチナ）をヤコブの子孫に与えることが約束されます（創世記　三十五．十二）。これ以降カナンは、イスラエル民族が神から授かった約束の地となりました。

◆ヨシュア

ヨシュアは、『申命記』の後にくる『ヨシュア記』の主人公です。ヨシュアはモーセの従者ヌンの子で、『ヨシュア記』は、神の言葉によってヨシュアがカナンの地を征服し、その土地をイスラエルの民に分配する物語です。

＊一　『創世記』に登場するイスラエル人。奴隷としてエジプトへ売られながらも、困難をのりこえて宰相にまで出世した人物です。

＊二　アラビア半島の、アカバ湾を挟んでシナイ半島と対峙している地域。三百十四ページの地図を参照。

＊三　シナイ山のこと。

＊四　カナンの地の名産物である乳香のこと。

＊五　はじめての子供。

＊六　この行為は、出エジプトを祝った〝過越しの祭〟としてイスラエルの重要な行事になっています。

＊七　神への供え物の一種。牛、羊、山羊の脂肪、肝臓、腎臓を燃やして、その煙を神に捧げるというもの。一般には燔祭とともに捧げられる。

旧約聖書の中の英雄——二

サムソン

Samson

サムソンは、『士師記』に登場する怪力のもち主です。サムソンの行いを見ると、怪力をもった戦い好きのただの人間のように見えるかもしれません。彼の行動は大体において発作的であり、気まぐれで利己的、さらに女好きでもあったようです。しかし、そこが聖書の中の英雄として異彩を放っている理由でもあるのです。ここではしばらくサムソンを追ってみたいと思います。

"士師"であるサムソン

サムソンが生まれたころ、イスラエルの民はカナンの先住民の中の一部族であるペリシテ人によって支配されていました。

彼らをカナンに導いたヨシュアはすでに亡くなり、この地を与えてくれた神の存在を忘れた人々の中には、神の存在すら知らない者が出てきました。イスラエルの民は異国の民の神を信じるようになってしまったのです。

そこで、神は〝士師〟と呼ばれる者を送り、イスラエルの民を救おうとしました。〝士師〟は本来「司法官」という意味です。外敵、つまり異国の民が災いを成すときには彼らと戦い、民衆に対しては本来の士師の働きである「裁き」という役目を果たす者のことです。サムソンは、この士師の一人として神から派遣されたのでした。

士師を送ろうと考えた神は、イスラエルの民の女のところへ使いを送り、その女から民を救うことになる赤ん坊が産まれることを告げます。

このとき女は、さまざまな戒告と共に、終生子供の髪を切ってはならないと命じられました。髪はこの子に怪力を与える源となるからでした。

月日がたち、女は神の予言通り男の子を産みました。この赤ん坊こそサムソンです。

ペリシテ人への謎

成長したサムソンは、神の計らいにより、ペリシテ人と結婚することになりました。神は、ペリシテ人の娘と結婚させることにより、彼らを攻略するための手がかりを得ようとしたのでした。

しかし、この結婚がサムソンにとっては不幸となります。

婚礼の宴が行われたときのことです。

サムソンは、宴に列席した三十人のペリシテ人に対し、ある謎を出しました。その謎は、「〝食らう者から食い物が出、強い者から甘い物が出た。〟これはどういうことか」というものでした。これは、「死んだ獅子の肉にたくさんの蜂が群れをなしてたかり、蜜がたまっている」という意味だったのです。

サムソンはいいました。「謎が解ければ亜麻の着物三十と晴れ着三十を与えよう。ただし、謎が解けなかった場合は、私に同じ物を与えるのだ」


謎を解くために、ペリシテ人に与えられた期間は七日でした。四日間考えても答えが見い出せなかったペリシテ人たちは、サムソンの妻を脅かすことにより答を得ようとしました。脅しにおびえた娘は、泣いてサムソンにすがり「妻の自分には答えを教えてほしい。」と頼みます。はじめはこれをはねつけていたサムソンも、期限である七日目にはついに折れ、答えを教えてしまったのです。

ペリシテ人が謎を解いたのを聞いて、サムソンは妻をそそのかしたペリシテ人を憎みましたが、しかたなく約束を果たすことにしました。

サムソンの怪力

サムソンが、ペリシテ人に与えるための着物を探して奔走している間に、たいへんなことが起きました。花嫁の父が娘をサムソンの付添い人に嫁がせてしまったのです。サムソンが娘を捨てたと勘違いしたのでした。怒ったサムソンは、三百匹のきつねを使い、収穫前のペリシテ人の畑を焼いてしまいます。これに対してペリシテ人も、花嫁父娘を殺してしまいました。

復讐を誓ったサムソンは、ほとぼりをさます間洞窟に潜みます。ところが、ペリシテ人を恐れたイスラエルの民により引き出されてしまいます。縄でしばられたサムソンは、ペリシテ人の元へ引き立てられました。しかしこのとき神の力がサムソンを救ったのです。サムソンをしばっていた縄は火で焼けた亜麻の糸のようになって腕から落ちました。自由を得たサムソンは、ろばの顎の骨を一つつかむと、千人のペリシテ人を打ち殺しました。

千人を打ち殺したことだけでも、サムソンの怪力のすさまじさがわかりますが、次のようなエピソードもあります。

千人を殺した後、サムソンはガザの地へいき、遊女のところに泊まりました。ガザの町の人々は、ペリシテ人同様カナンの先住民でした。彼らはサムソンを殺そうと町の門に潜んでいました。ところがサムソンは真夜中に女の家を出て門に向かうと、門扉と二本の柱をいっきに引き抜き、肩に担ぎ上げたのです。度肝を抜かれたガザの人々を後目に、サムソンは、ゆうゆうと町を出ていったのでした。

デリラとサムソンの死

妻に謎解きの答えを教えて苦境に陥ったように、どうやら親しくなった女性へ秘密を隠しきれない所がサムソンの弱味のようです。二度目に秘密を打ち明けたときには、自ら破滅を招いてしまいます。

あるときサムソンはデリラという女性を愛しました。これを知ったペリシテ人は、怪力封じの方法を探り出そうと、お金でデリラを買収します。

怪力の源を尋ねてくるデリラに対し、はじめは嘘をついてはぐらかしていたサムソンですが、ついには髪の毛が怪力の素であることを明かしてしまいます。これを知ったデリラは、サムソンをひざの上で眠らせたすきに彼の髪の毛を剃ってしまいます。

そこへペリシテ人が襲ってきました。力の出なくなったサムソンは、ペリシテ人に両眼をえぐられてしまいます。ガザの地へ引き立てられたサムソンは、青銅の足かせをはめられ、獄につながれ、臼をひくことを強制されました。しかし、このときサムソンの髪の毛

は少しずつですが伸びはじめていたのです。

ガザのダゴン神殿の祝祭の日でした。ペリシテ人はサムソンを慰み者にしようと神殿に連れていきました。サムソンはこの機を逃しませんでした。神殿の屋根を支えている二本の柱に寄りかからせてくれるように頼んだサムソンは、二本の柱に左右の手をかけると、「わたしはペリシテ人と共に死のう(士師記　十六・三十)」というと、渾身の力を込めて身をかがめたのです。あっという間に柱が倒れ、神殿にいた人々は逃げる間もなく、落ちてきた屋根の下敷となりました。このとき、サムソンもまたペリシテ人と共に命を落としたのです。

サムソン・ガイド

一　『士師記』の士師たち

『士師記』にはサムソンのほかにもたくさんの士師が登場します。士師たちは、神の怒りにあって異国民に支配されているイスラエルの民を導くために、神によって送られてきた人々でした。しかし、イスラエルの民はある士師に救われても、その士師が死ぬと再び神を忘れ、悪を成しました。そこで、神は再び彼らを異国民に渡し、そしてさらに士師を送ります。その士師が死ぬ。人々は悪を成す。異国民の支配。士師の登場……。

この繰り返しが『士師記』の内容なのです。

『士師記』の中に登場した士師は全部で次の十二人です（登場順）。

一．オテニエル……メソポタミヤの王と戦いました。
二．エホデ………モアブの王と戦いました。
三．シャルガム……ペリシテ人と戦いました。
四．バラク………ハゾルの王と戦いました。
五．ギデオン………ミデアン人と戦いました。
六．トラ……………二十三年間イスラエルの民の士師でした。
七．ヤイル…………二十二年間イスラエルの民の士師でした。
八．エフタ…………アンモン人と戦いました。
九．イブザン………七年間イスラエルの民の士師でした。
十．エロン…………十年間イスラエルの民の士師でした。
十一．アブドン……八年間イスラエルの民の士師でした。
十二．サムソン……ペリシテ人と戦いました。

これら十二人のうち、三・シャルガム、六・トラ、七・ヤイル、十・エロン、十一・アブドンについては名前と出生、治めた年数しか記されていません。彼らは士師として生まれはしたものの、それほどの働きをしなかった人々なのでしょう。

◆ギデオン

十二人の士師の中の一人ギデオンは、サムソンに次ぐ『士師記』の主要人物です。ここでギデオンについても少し触れておきましょう。

ギデオンの時代、イスラエルの民はミデアン人に支配されていました。あるとき、ギデオンはイスラエルの民三百人を率いて敵陣へと進みました。敵は総勢十数万。ここでイスラエル側の三百人は、敵を取り囲むように広がると、ラッパを吹き鳴らし、つぼを打ち、たいまつを掲げたのです。大軍に包囲されたと勘違いした敵は、あわてて同士討ちしてしまい、イスラエルに勝利が転がり込みました。

この功績により、人々はギデオンを支配者として崇めようとしますが、ギデオンは神こそが唯一の支配者であるとして、これを拒みます。ところがギデオンは、ミデアン人から奪った金の耳輪を集めて偶像を作る罪を犯してしまいます。ギデオンの時代、世は平静でしたが、彼の死後、イスラエルの民は再び異教の神を崇拝してしまうのでした。

旧約聖書の中の英雄――三

ダビデ

David

ダビデは、『サムエル記』に登場する第二代イスラエル王です。

元は羊飼いの少年だったダビデは、ペリシテ人の巨人ゴリアテをスリング（投石器）一つで倒し、これをきっかけに王への道を歩むことになります。一介の羊飼いから王の座を勝ち得るまでのサクセスストーリーは、まさに英雄的といえるでしょう。

当時のイスラエル王国

当時イスラエルでは、サムエルが神の予言者として民を導いていました。ところがペリシテ人を恐れていたイスラエルの民は、「この国にも王が必要である。自分たちは神ではなく王に従いたい」といい出します。サムエルが神に伺いをたてると、王をもつことを許され、神の命によりサウルという若者が王位に就きます。

こうしてイスラエル王国が誕生しました。

はじめは順調に全国を統一していたサウルですが、しばらくして神の怒りを買ってしまいます。

あるとき神はサウルに、アマレク[*1]の街を攻撃し、すべての民、家畜を殺すように命じました。サウルは攻撃こそ行ったものの、敵の王アガグを生け捕りにし、質のいい家畜も残してしまいます。これによりサウルは、神やサムエルの怒りを買い、王位を追われることになりました。

王への道

神は、サウルのとき同様、サムエルに王となるものに油を注ぐ役目を申しつけました。その者はベツレヘム人のエッサイという羊飼いの男の末の子で、ダビデといいました。ダビデは、

「血色のよい、目のきれいな、姿の美しい人」（サムエル記　十六：十二）

でした。サムエルはエッサイの元を訪れ、ダビデに油を注ぎました。

このころサウル王は悪霊に悩まされており（これも神のしたことでした）、上手に琴の

弾ける者を探していました。きれいな琴の音を聞かせれば悪霊は消えるにちがいない、という家来たちの勧めに従っていたのです。

そこへある者が、「エッサイの息子のダビデは琴が上手で、勇気もあり、戦にもたけています」と申し出ました。サウル王は、さっそくダビデを宮廷に呼び寄せ、家来に取り立てたのでした。

巨人ゴリアテ

当時イスラエルは、ペリシテ人との戦いに明け暮れていました。

ある日の戦いのこと。山の上に陣を敷いた両軍は、にらみ合いを続けていました。そのときペリシテ陣営から、[*二]青銅でできた〝うろことじの鎧〟に身を包み、青銅の兜をかぶった[*三]六キュビト半もの身の丈の男が、イスラエル陣営に一騎打ちを挑んできたのです。ゴリアテという名の戦士でした。

イスラエル陣営では恐れをなし、誰も立ち向かおうとしません。そのとき、ダビデが王の前に進み出、「自分があの巨人と戦いましょう」と申し出ます。喜んだサウル王は、自分の衣服と、青銅の鎧兜を貸し与えました。しかし、武装に慣れていないダビデは、かえって戦いにくいとこれらを王に返し、羊飼いの[*四]杖とスリング（投石器）、そして石の入った袋だけをもち、ゴリアテに向かっていったのでした。

ダビデの攻撃は素早いものでした。袋の中から石をつかむと、スリングにセットするやいなや、ゴリアテの額めがけて石を打ったのです。油断していたゴリアテは、これをまともにくらいました。グラリと揺れるとうつむきに倒れ、そのまま息絶えてしまったのです。刀をもっていなかったダビデは、ゴリアテの剣を抜き、駆け寄ってその首をはねました。ペリシテ軍は自分たちの誇る戦士があっけなく殺され

るのを目撃すると、散り散りに逃げだしました。この戦いはイスラエル側の勝利に終わります。

サウル王とダビデ

サウル王[*五]はダビデを伴い町に凱旋しました。町の女たちは手鼓と三糸の琴を手に手にもって、祝いの歌を唄い、踊りました。しかし、皮肉にもこの歌がサウル王とダビデの対立の発端となります。その歌は、

「サウルは千を撃ち殺し、ダビデは万を撃ち殺した」（サムエル記　十八・七）

と唄っていました。

ダビデの強さと人気を恐れたサウル王は、さまざまな陰謀をもってダビデを殺そうと謀りました。しかし、ダビデには神がついていました。ことごとく危機を乗り切ったダビデは、サウル王の娘ミカルを妻に迎えました。戦の度に手柄をたてるダビデの人気はとどまるところを知らず、サウル王の憎悪はますます膨れ上がっていったのでした。

とうとう王は、息子のヨナタンとすべての家来たちにダビデ殺害を命じました。ところ

が、ダビデを愛していたヨナタンは、なぜダビデを殺そうとするのかと父のサウル王に詰めよるのでした。ヨナタンの説得により、いったんはダビデを許したサウル王でしたが、やはりダビデへの憎しみは消えません。再び暗殺の手を伸ばしてきたサウルから逃れるため、ダビデは家を抜け出し、逃亡の旅に立つのでした。

サウル王の死

逃亡の途中で、ダビデはペリシテの王の一人であるアキシの元に身を寄せることになります。アキシ王はダビデの働きぶりを見て、彼を信頼し、ペリシテ人の一人として扱いました。

このころペリシテとイスラエルの間では再び戦争が起きようとしていました。ダビデはペリシテ軍の列に連なっていましたが、イスラエル軍への寝返りを恐れたペリシテ人たちは、ダビデを戦列から外してしまいます。

この戦は、イスラエル軍の敗北で幕となりました。ヨナタンは戦死し、傷を負ったサウル王は、ギルボア山で自害して果てました。

ダビデはサウル王とヨナタンの戦死の知らせを受け、今は敵になってしまったかつての主君と友に哀悼の歌を唄います。しかし、ダビデとイスラエル王家との戦いは、まだまだ続くのでした。

ダビデ王誕生

月日が流れ、多くの血が流されました。そして今、ついにイスラエル側がダビデと和を結ぶことを提案してきました。ここにイスラエル王ダビデが誕生したのです。ダビデはエルサレムをイスラエルの首都と定め、神殿を築き、契約の箱をここに移しました。

王となったダビデは、戦に関する手腕だけではなく、外交面でも優れた面を発揮しました。領土は広がり、イスラエル王国はダビデ王の元に一大王国として発展するのでした。

バテシバ略奪とダビデの最期

権力を得たものがしだいにおごっていくのは世の常ともいえます。神に選ばれたダビデも例外ではなく、結局は神の怒りをかってしまうのです。

イスラエルが[*六]アンモン人と戦っているときのことでした。

ある日の夕暮れ、館の屋上を歩いていたダビデの目は、体を洗っている美しい女の姿に吸い寄せられました。女は、今戦に出ているウリヤという家来の妻バテシバです。ダビデは、この女を手にいれたいという欲望に抗しきれず、バテシバを館に連れ込むと、強引に床を共にしたのでした。

バテシバに入れ込んだダビデは、その夫ウリヤを最前線に出すように謀り、戦死させてしまいます。

バテシバは、夫の死を悲しみましたが、結局はダビデの申し出を受け、その妻となりました。こうして思いを遂げたダビデでしたが、これは神の怒りをかうこととなりました。バテシバには男の子が生まれましたが、神の怒りにより幼くして死んでしまいます。やがて、再びダビデとバテシバに子供ができました。この子が後のソロモンです。彼はさまざまな才能に恵まれ、賢い王となりました。詳しくは三百三十七ページの「ソロモン」を参照してください。

ダビデはこの後、自分の息子アブサロム[*七]とアムノンの争い、アブサロムのダビデに対する挙兵など、身内のもめごとで苦しむことになります。最期にはソロモンに王位を譲って亡くなりました。

ダビデ・ガイド

一　ゴリアテの服装

『サムエル記』にあるゴリアテの服装のように、このころの戦闘では、人々は青銅でできたうろことじの鎧に身を包んでいました。

◆投石器

スリング（投石器）は、中央に石を入れる部分があり、その左右にひもがついています。石を入れたら、二本のひもを片手で握って振り回します。充分に遠心力がついたところでひもの片方を離すと石が飛びます。威力は絶大、射程距離も長く、当時は弓よりも効果を発揮しました。

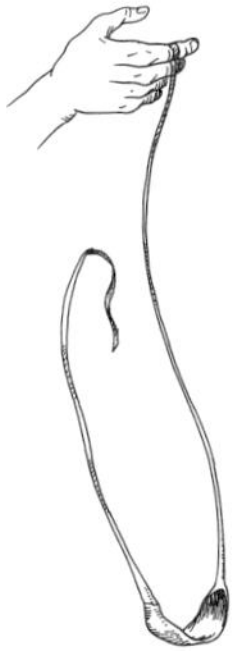

二　『サムエル記』

『サムエル記』には、士師サムエル、イスラエル王国の初代の王サウル、そして、ここで紹介したダビデの物語が語られています。

サムエルの時代、イスラエルはペリシテ人との戦いのさなかにありました。ペリシテ人は神の箱である〝契約の箱〟を奪いますが、神の怒りによって、腫れ物ができたり、ねずみの害に悩まされたりします。その結果、契約の箱はイスラエルに戻ります。これにより再び蜂起したイスラエルは、神の力によって勝利を得るのでした。

月日がたち、イスラエルの人々の願いによってサムエルはイスラエルに王を立てることにします。これがサウルでした。

こうしてイスラエル王国が誕生し、サウル王の時代がはじまりました。以降はすでにご紹介したように、ダビデの登場へと話が進みます。

＊一　イスラエルの民がエジプトを脱出する際、邪魔をした人々の住む街。
＊二　三百三十五ページのダビデ・ガイドを参照。
＊三　約三メートル。一キュビト＝〇・四五メートル。
＊四　三百三十五ページのダビデ・ガイドを参照。
＊五　聖書の記述には矛盾があります。ダビデがサウル王に会った記述が重複して語られているのです。ダビデは、王の悪霊をおさめるために家来に召し抱えられたはずなのに、ここでは、このとき初めて王に会い、ゴリアテ退治の手柄で家来に召し抱えられたことになっています。
＊六　アンモンとは現在のアンマンのあたり一帯のこと。三百十四ページの地図を参照。
＊七　ダビデには妻妾がたくさんいましたが、この二人はそれぞれ母親が違う異母兄弟でした。

旧約聖書の中の英雄——四

ソロモン

Solomon

ソロモンは『列王記』に登場する第三代イスラエル王です。〝ソロモンの知恵〟という言葉があるように、彼は優れた知恵者でした。はでな戦いはしませんでしたが、その知恵を活かして民を引っ張った、内政面での英雄ということができます。裁判でのみごとな判決は日本では江戸時代の大岡越前守の大岡裁きに似たものとして知られています。

エルサレム神殿の建設

ソロモン王は、父ダビデ王が軍事や外交面で見事な手腕を見せたのに対し、内政面で活躍しました。最も大きな事業としてあげられるのはエルサレム神殿の建設です。

エルサレムの神殿は、ソロモンの在位四年目からはじまり十一年目にやっと完成しました。神殿は、長さ[*一]六十キュビト、幅二十キュビト、高さ三十キュビトという壮大な石造りの建築物です。すべての石は石切り場で切りそろえられてから運びこまれました。したがって建設現場ではいっさい鎚や斧の音が聞こえなかったと『列王記』には記されています。

エルサレム神殿は、その内装にも凝っています。石の部分が見えないように、床には糸杉や香柏[*二]を張り、壁や天井には香柏を張り詰めました。板にはすべて華麗なひさご[*三]や花の浮き彫りを施し、その上から純金で覆いました。神殿の奥には契約の箱を置くための本殿が造られました。本殿には金で覆われた祭壇が置かれ、本殿の前には南北にそれぞれ五つの純金の燭台が置かれました。

建設に使われた香柏、糸杉、金は、ツロ[*四]の王ヒラムが小麦とオリーブ油と交換にソロモンに供給したものでした。近隣諸国との交易で手腕を発揮したソロモンは、交易で得た財力によって次々にみごとな建造物を建てていったのです。

さて、神殿の前には二本の青銅の柱が立てられました。この柱には腕利きの金属細工人の手による細工が施されました。青銅で造られた物には柱のほかに、〝海〟を表す円形の建造物、車輪のついた台、洗盤、つぼ、十能、鉢などがありました。

王宮やその他の建物の建設

ソロモン王が、エルサレム神殿の建設の次に造ったのが、自分の住む王宮です。王宮は、長[*五]さ百キュビト、幅五十キュビト、高さ三十キュビトもあり、エルサレム神殿をしのぐ大きさでした。王宮には四十五本の香柏の柱が立ち、柱の上の梁も皆香柏で造られていました。

名裁判で有名なソロモンですが、彼はその裁きのために審判の広間を造りました。この広間も床から天井まですべて香柏で造られていました。そのほか、妻にしたエジプト王パロの娘のための家も王宮同様に造りました。

しかし、こうした建造物は、ソロモンの出身部族であるユダを除くすべてのイスラエル部族と、イスラエルが滅ぼしきれなかった異国の民に対する強制労働によってまかなわれていました。この不平等と厳しい苦役が、後にイスラエルを分裂に導くひきがねとなるのです。

ソロモンの知恵

ソロモン王は神によって「非常に多くの知恵と悟り」そして「海べの砂原のように広い

心を授けられ」（列王記上　四．二十九）ました。その知恵は「東の人々の知恵とエジプトのすべての知恵よりも優れたもの」（列王記上　四．三十）でした。多くの人々が国の内外を問わず、ソロモンの知恵を聞くためにエルサレムにやってきたといわれます。以下に紹介するのは、このソロモンの賢さを表す象徴的なエピソードです。

あるときのことです。二人の女がソロモンの裁きを受けるためにやってきました。一方の女がいいました。

「私たちは同じ家に住んでいます。私が赤ん坊を産んで三日目にこの女も子を産みました。ところがある晩、この女は自分の子の上に伏してしまい、子供を殺してしまいました。それなのにこの女は、死んだ子と私の子をすりかえて知らん顔をして眠ったのです。私は目が醒めて子供に乳をやろうとしてびっくりしました。隣で子供が死んでいるではありませんか。でもその子は私の子ではないのです。」

「いいえ、生きているのが私の子です。」

もう一人の女がいいました。

二人の女はどちらも生きているのが自分の子だといい張りました。ソロモンは二人の前

に刀をもってこさせました。そして、こういいました。

「それでは、裁きを申し渡す。この刀で子供を二つに切り裂き両者に分け与えよ。」

最初に申し立てをした女は、この裁きに驚き、

「王様、どうかこの子を殺さないで下さい。この子はあの女に与えてください。」

といいました。

これで王はこの女が本当の母親だとわかり、この女に子供を返したといわれています。

シバの女王

あるときソロモン王の知恵を伝え聞いて、シバ[*六]の女王が王を試そうと難問をもってエルサレムを訪れました。女王は多くの従者を引き連れ、香料、宝石、金などの贈答品を山ほどもってやってきました。

女王は用意した難問を次々にソロモン王に投げつけますが、王はどの問題にもすらすらと答えます。女王は王の知恵に感心するとともに、その壮大で華麗な王宮や、すばらしい

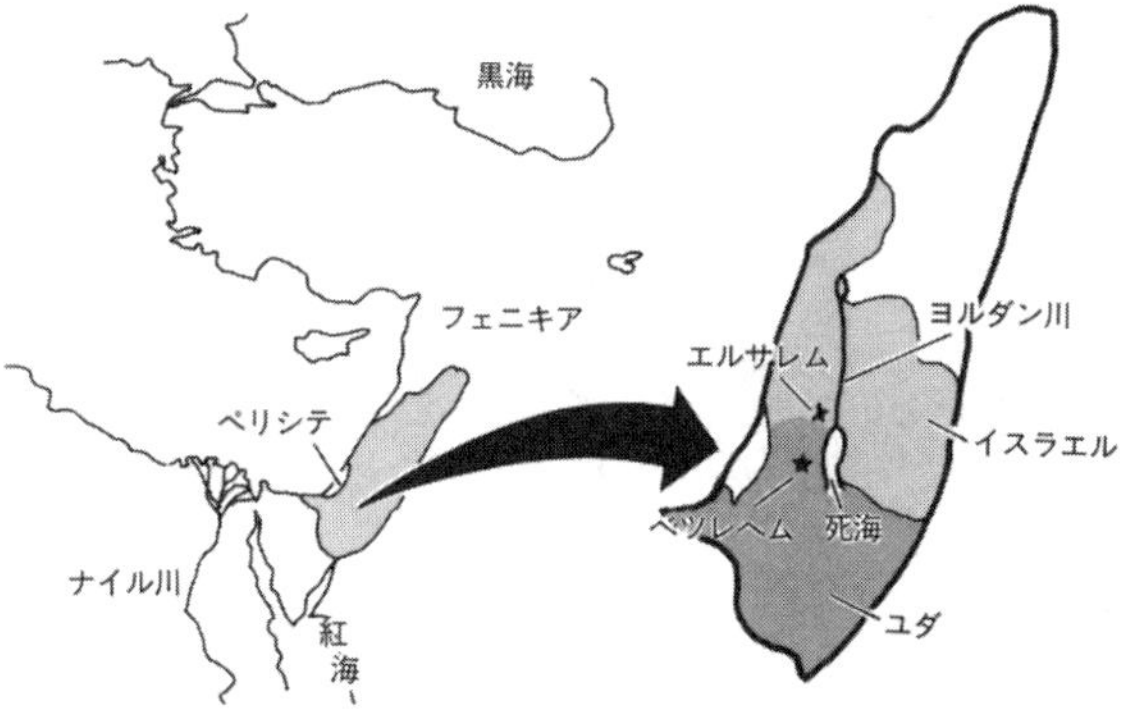

イスラエルとユダ

食卓の品々、もてなしの数々に心を奪われてしまうのでした。結局、女王は持参した金、香料、宝石のすべてをソロモン王に贈って去っていきました。このときソロモン王もまた女王の希望する物はなんでも贈り与えたと記されています。

王国分裂へ

ソロモンは多くの外国の女性を愛しました。その数たるや、妻七百人、妾三百人といわれます。ところが、これがソロモンにはあだとなりました。

年老いたソロモンは、彼女たちの企みにより、異国の神を受け入れてしまったのです。怒った神は「おまえの国は息子の代に分裂し、他者の支配下におかれるだろう」という予言を下しました。ただし、神はダビデに免じて、一つの部族（ユダ）だけはソロモン王家のために残そうと約束します。

こうして、栄華をきわめたソロモン王家の上にも暗雲が漂いはじめます。ソロモン王は四十年間の統治の末、この世を去りました。

その後息子のレハベアムが王位を継ぎましたが、その治世にイスラエルは神の予言通り南北に分裂したのでした。

ソロモン・ガイド

一　戦車の町、騎兵の町

ソロモン王は、神殿や王宮、離宮のほか、戦車の町、騎兵の町、倉庫の町、エルサレムの城壁なども築きました。彼は千四百輌の戦車をエルサレムと、戦車の町に分けて置きました。また、その数一万二千といわれる騎兵たちは、騎兵の町に置きました。戦車はエジプトから、馬はエジプトとクエから輸入されたといいます。

⊕二 『列王記』

『列王記』は、ソロモンにはじまるイスラエル歴代の王と王国滅亡の物語です。

ソロモンの死後、王国は南北に分裂します。

北イスラエル王国初代の王となったソロモンの元家臣ヤラベアムは、国民が南イスラエル王国の神殿へと参詣にいった際、そのまま自分に背くことを恐れ、金の子牛の像を造り、これを信仰させました。ヤラベアムはこの偶像崇拝をはじめ、神に背く行為を繰り返したため、結局北イスラエル王国は滅亡します。

一方、南イスラエル王国でも、同様に偶像崇拝や異教の神への崇拝など、神に背く行為が長い年月行われ続けました。その結果、王国はバビロニアにより滅ぼされ、人々はバビロンへと捕らえられていきました（バビロン捕囚）。

＊一　メートルに直すと長さ二十七メートル、幅九メートル、高さ十三・五メートル。
＊二　レバノンスギのこと。
＊三　瓢箪のこと。
＊四　地中海沿岸にあるフェニキアの町。
＊五　メートルに直すと長さ四十五メートル、幅二十二・五メートル、高さ十三・五メートル。
＊六　アラビア南部にあったと伝えられている国。

参考文献

北欧神話／一九八四　東京書籍　菅原邦城 著
北欧神話／一九八三　青土社　K・クロスリィ＝ホランド 著　山室静、米原まり子 訳
北欧神話と伝説／一九八一　新潮社　グレンベック 著　山室静 訳
ゲルマン・ケルトの神話／一九八九　みすず書房　トンヌラ、ロート、ギラン 著　清水茂 訳
エッダとサガ／一九七六　新潮社　谷口幸男 著
エッダ／一九八九　新潮社　谷口幸男 訳
イギリスの神話伝説―イングランドの神話伝説―／一九八七　名著普及会
イギリスの神話伝説―アイルランドの神話伝説Ⅰ―／一九八七　名著普及会
イギリスの神話伝説―アイルランドの神話伝説Ⅱ―／一九八七　名著普及会
イギリスの神話伝説―スコットランドの神話伝説―／一九八七　名著普及会
アイルランドの神話と伝説／一九七八　大修館書店　三宅忠明 著
アーサー王／一九八三　東京書籍　リチャード・バーバー 著　高宮利行 訳
アーサー王伝説／一九八三　晶文社　リチャード・キャヴェンディッシュ 著　高市順一郎 訳
アーサー王と円卓の騎士／一九七二　福音館書店　シドニー・ラニア 編　石井正之助 訳
パルジファル／一九八八　新書館　リヒャルト・ワーグナー 作　高辻知義 訳
ガウェーンと緑の騎士／一九九〇　木魂社　瀬谷廣一 訳
トリスタンとイゾルデ／一九八五　新書館　リヒャルト・ワーグナー 著　高辻知義 訳
イギリス歴史地図／一九九〇　東京書籍
ケルトの神話／一九九〇　ちくま文庫　井村君江 著
アイスランド サガ／一九七九　新潮社　谷口幸男 訳
ベオウルフ／一九八五　篠崎書林　大場啓蔵 訳
ニーベルンゲンの指環 ラインの黄金／一九八三

リヒャルト・ワーグナー著　寺山修司訳

西洋騎士道事典／一九九一　原書房　グラント・オーデン著　堀越孝一訳

中世騎士物語／一九九〇　岩波文庫　ブルフィンチ著　野上弥生子訳

ギリシア・ローマ神話／一九七八　岩波文庫　ブルフィンチ著　野上弥生子訳

ギリシア神話　英雄物語／一九八六　ちくま文庫　C・キングズレイ著　船木裕訳

ギリシアの神話　英雄の時代／一九八五　中公文庫　カール・ケレーニイ著　植田兼義訳

ギリシア神話／一九五三　岩波文庫　アポロドーロス著　高津春繁訳

海の冒険者たち／一九九〇　新紀元社　中田一太著

聖書の世界　総解説／一九九〇　自由国民社

まんが聖書入門／一九九一　いのちのことば社　いのちのことば社出版部編

聖書の時代／一九九〇　河出書房新社　B・メッツガー、D・ゴールドスタイン、J・ファーガソン編　斎藤和明訳

聖書地図／一九六七　創元社　H・H・ローリー著　左近義慈訳

旧約聖書に強くなる本／一九七七　日本基督教団出版局　浅見定雄著

旧約聖書のフォークロア／一九八八　太陽社　J・G・フレーザー著

世界歴史地図／一九八二　帝国書院　ハンス・エーリヒ・シュティーア他著　成瀬治、尚樹啓太郎、野口洋二訳

イメージシンボル事典／一九九〇　大修館書店　アト・ド・フリース著　山下主一郎主幹

岩波西洋人名辞典／一九八九　岩波書店

新潮世界文学辞典／一九九〇　新潮社

西洋史辞典／一九九〇　東京創元社　京大西洋史辞典編纂会編

生活の世界歴史6／一九八九　河出書房新社　堀米庸三編

世界の歴史2／一九八九　中公文庫　村川堅太郎編

世界の歴史3／一九九〇　中公文庫　堀米庸三 編
中世の饗宴／一九八九　原書房　マドレーヌ・P・コズマン 著　加藤恭子、平野加代子 訳
幻獣ドラゴン／一九九〇　新紀元社　苑崎透 著
幻想世界の住人たち／一九九一　新紀元社　健部伸明と怪兵隊 著

あとがき

本書では、西洋の英雄たちにまつわる物語を紹介しています。西洋の小説や詩、童話やファンタジー文学には、ここで紹介した英雄たちの冒険、武勲、ロマンスがベースになったり、味つけになったり、隠し味になったりしているものが数多くあります。本書では、そうした小説などの素材となった英雄の物語の数々を、できるだけたくさん紹介しようと試みました。

第一章では、シグルズにはじまる北欧の英雄たち、アーサー王を筆頭とする中世の騎士たち、悲劇の武将ローランに至るまでを列挙し、剣をもって戦った幾多の英雄たちを紹介しています。第二章では、まだ神々とともに生きていたギリシアの英雄たちの華やかな冒険譚を紹介しています。そして最後の第三章では、日頃あまり遭遇することのない聖書の中の物語を紹介しました。

英雄によっては、その冒険のすべてを語りきれなかったものもあります。そうした英雄の冒険譚は、どうぞ本書で参考文献にさせていただいた諸作品をご覧になってください。本書には、それらの諸作品への道案内的な役割をもたせたいという意図もあるのです。

本書が、英雄たちの魅力をいくらかでも皆さんにお伝えできたら幸いです。本屋さんにも、図書館にも、皆さんのまわりには英雄の登場するたくさんの物語があります。どうか胸躍る冒険の世界へ、美しい夢物語の世界へもう一度足を踏み入れてください。

最後になりましたが、本書の出版にあたってお世話になった新紀元社の皆さん、編集担当の加納さん、知識計画の編集の皆さんに、この場を借りてお礼を申し上げます。

平成三年十二月

著者

この作品は、一九九二年一月に単行本として新紀元社より刊行されました。

文庫版あとがき

このたび、本書を文庫化してくださるという話をいただき、初版刊行からすでに二十一年が経っていることにまず驚きました。その間、小説やアニメ、ゲームなど、さまざまな分野の作品に伝説や神話世界の英雄たちがそのままの姿で登場したり、または作品のエッセンスとして組み込まれたりしてきました。今回、その元になった伝説や神話の中で活躍する英雄たちの物語を、再び読者の皆さまにご紹介できることをうれしく思っております。英雄を知る一助としていただければ、また英雄譚の面白さ、魅力を感じていただければ幸いです。なお、読みやすさを考慮して一部表現に手を入れています。

平成二十五年二月

著者

Truth In Fantasy
英雄列伝

2013年3月4日　初版発行

著者　鏡たか子
編集　新紀元社編集部／堀良江

発行者　藤原健二
発行所　株式会社新紀元社
〒160-0022
東京都新宿区新宿1-9-2-3F
TEL：03-5312-4481　FAX：03-5312-4482
http://www.shinkigensha.co.jp/
郵便振替　00110-4-27618

カバーイラスト　丹野忍
本文イラスト　熊倉宏
デザイン・DTP　株式会社明昌堂
印刷・製本　大日本印刷株式会社

ISBN978-4-7753-1081-6